山东省社会科学规划项目"提高各级人才工程资金使用效益发展机制研究"（18CRCJ08）

经济管理学术文库·管理类

人才工程资金使用效益
引导社会资本参与人才发展对策研究
—以山东省为例

The countermeasures on efficiency of talent project
funds and guiding social capital to participate in
talent development
— take shandong province for example

邓丽娜／著

经济管理出版社
ECONOMY & MANAGEMENT PUBLISHING HOUSE

图书在版编目（CIP）数据

人才工程资金使用效益引导社会资本参与人才发展对策研究——以山东省为例/邓丽娜
著. —北京：经济管理出版社，2020.6
ISBN 978-7-5096-7179-5

Ⅰ.①人…　Ⅱ.①邓…　Ⅲ.①社会资本—关系—人才—发展—研究—山东　Ⅳ.①C964.2

中国版本图书馆 CIP 数据核字（2020）第 097775 号

组稿编辑：杨国强
责任编辑：杨国强　张瑞军
责任印制：黄章平
责任校对：张晓燕

出版发行：经济管理出版社
　　　　　（北京市海淀区北蜂窝 8 号中雅大厦 A 座 11 层　100038）
网　　址：www. E-mp. com. cn
电　　话：(010) 51915602
印　　刷：北京玺诚印务有限公司
经　　销：新华书店
开　　本：720mm×1000mm/16
印　　张：10.75
字　　数：201 千字
版　　次：2020 年 7 月第 1 版　2020 年 7 月第 1 次印刷
书　　号：ISBN 978-7-5096-7179-5
定　　价：88.00 元

前　言

从国际环境看，高端人才是各国竞争的焦点，人才战略已经上升到国家战略的高度，是谋求国家发展并提高国际竞争力的首要战略，各国纷纷实施各类人才工程助力人才的引进和培养；从国内环境看，各省市也通过各种层次的人才工程打响人才争夺大战。

山东省是较早实施人才工程的省份，现有"泰山""齐鲁"等系列人才工程。山东省每年拨付大量资金用于人才工程，但对于引进和培养合格人才满足山东省经济社会发展的巨大需求来讲，仍然杯水车薪。在人才工程资金使用过程中也出现了审批违规、投入重复、开支与预算不符等一系列问题。加之近年来，各省市纷纷设立各种形式的人才工程，奖励资助金额都很大，山东省人才工程在引进高端人才方面不能凸显其优势。

2018 年 1 月，国务院一号文件批复山东建立新旧动能转换综合试验区方案，这为山东经济的再次腾飞提供了机遇。新旧动能转换对山东人才工程的质量提出了更高的要求。人才工程的政策引导需要人才资金投入的支持，人才要素与资本要素的有效配置是实现经济高速增长的基本保障。因此，本书以人才工程资金作为人才工程研究的切入点，是实现人才工程高效管理的必然选择。

本书以山东省人才发展战略中的"人才工程资金"为研究对象，主要从资金来源和资金使用两个角度进行研究。从资金来源角度，主要围绕如何扩大人才工程资金的来源渠道，有效引导政府、企业、金融机构、社会闲散资金等多种社会资本参与人才引进和培养的研究；从资金使用角度，主要是提高资金使用效益研究。

通过理论分析和调研，本书拟为政府和相关决策部门提供政策建议，因此主要解决以下问题：

第一，山东省人才工程资金存在哪些问题？

对山东省现行人才工程资金政策进行客观、准确的评估，是执行和完善人才政策，更好配置政策资源的前提和保障。通过政策梳理和实地调研，山东省人才工程资金存在两方面的问题：一是资金数量不足、来源单一；二是资金使用效益不高。

第二，如何拓宽山东省人才工程资金来源渠道？

笔者认为，扩大资金来源要转变以政府财政资金投入为主体的资金资助及管理方式。引入市场竞争机制，引导各类社会资本流向人才蓄水池。其主要对策包括：首先，鼓励山东省各用人单位最大限度地争取各类中央资金，作为山东省人才工作资金的有力补充；其次，通过税贷等经济手段、奖励等行政手段刺激企业加大对人才资金的投入；再次，通过市场机制引导金融资本参与人才工程；最后，充分调动社会闲散资金助力人才工程。

第三，如何提高人才工程资金的使用效益？

该问题实质就是人才要素、资本要素的有效配置。经济学原理告诉我们解决资源配置最有效的方式是以市场机制为主体，政府发挥引导作用。中国目前的人才工程是以财政资金投入为主体，在此约束条件下，短期内提高人才工程资金使用效益的对策选择是建立全过程资金绩效评价体系。通过事前、事中及事后的预算、监督、控制、反馈机制实现人才工程的绩效目标，从而提高资金的使用效益。从长期看，要改变资金投入方式，扩大资金来源渠道，引入市场化运作机制。

目　录

第一章

导 论

第一节 选题背景和意义

一、选题背景

（一）实施人才工程是提升国家竞争力的现实需要

当今世界朝着多极化方向发展，各国之间竞争越来越激烈。随着竞争的加剧，越来越多的国家认识到人才对国家发展的极端重要性，因此人才特别是高层次人才成为国际竞争的焦点。

改革开放以来中国经济高速增长，随着中国的崛起，以美国为首的发达国家开始从科技、经济、军事各个领域对中国的发展进行限制，制裁中兴、封杀华为，一浪高过一浪的贸易战将中国推到世界的风口浪尖。中国经济目前处于重要的转折时期，要想突破西方国家的封锁和限制，中国不能再按照原有的经济增长轨迹和经济模式发展，不能在全球价值链的低端粗放式发展，中国必须依靠创新创业深化供给侧结构性改革，依靠基础科技能力和技术原创能力加快转型升级、培育新兴产业，实现技术赶超，实施科技强国战略。然而无论是创新创业还是抢占技术制高点都离不开人才，特别是高层次人才，这是实现科技强国战略的重要保障。

早在 2010 年第二次全国人才工作会议上，党中央颁布了《国家中长期人才发展规划纲要（2010—2020)》，全面部署人才强国战略，我国政府将人才战略上升到国家战略的高度，将其作为谋求国家发展提高国际竞争力的首要战略。在此规划的指引下，国家及各地方政府实施了一系列人才工程。随着这些高层次人才工程的启动和实施，引进和培育了一大批高端产业人才及创业创新人才，这些人才在突破关键技术、发展高新产业、带动新兴学科方面效果显著，对促进经济社会发展，提高国际竞争力起到重要作用。

（二）各区域人才争夺激烈，山东省人才工程政策问题较多

随着知识经济的发展，人力资本已经成为经济增长的重要动力。伴随着全球化和信息化，人才流动成本越来越低，人才的跨区域流动越来越频繁。因此，人才的争夺和竞争日趋激烈。当前，中国省市间的人才争夺大战已经打响。如北京市、上海市等一线城市针对高端产业的人才引进办法；南京市、武汉市等二线城市的"零门槛落户""提供办公区"等措施。然而这些政策、措施和办法缺少系统性和持续性。要想真正地吸引人才、留住人才和用好人才，必须要实施系统、长期的人才工程，实施人才工程战略是各省市争夺人才的重要砝码。如江苏省的"双创计划"、南京市的"321"人才计划等为地方经济发展吸引了大量人才，也使江苏省成为我国人才战略实施较好的先进省份。

山东省是较早实施人才工程的省份。自 2003 年以来，除参与中央的一系列高端人才项目外，山东省现有"泰山""齐鲁"两个系列人才工程项目和"山东省引进急需紧缺人才""山东省智库高端人才"等多项省级特殊人才工程项目，而地市级层面的项目初步统计可达 160 余项。针对上述人才工程，山东省每年虽然拨付巨额资金，但对于引进和培养合格人才满足山东省经济社会发展的巨大需求来讲，仍然杯水车薪。在人才建设资金使用过程中也出现了人才工程申报条件严格而后期跟踪评估不足、人才引进名义数量多实际来鲁工作少，资金支出容易产生效益难，大额奖助资金重叠奖助少数人、小额奖助资金激励效果不明显等问题。加之近年来，各省市纷纷设立各种形式的人才工程，奖励资助金额都很大，山东省人才工程在引进高端人才方面不能凸显其优势。

（三）山东省新旧动能转换对人才工程提出较高要求

2018 年 1 月，国务院一号文件批复山东省建立新旧动能转换综合试验区总体方案，这为山东省经济注入了一剂强心针。为山东省培育经济新增长点，形成新动能提供了机制设计和制度保障。按照《山东新旧动能转换综合试验区建设总体方案》，山东省主要发展十强（5 新兴+5 传统提升[①]）产业，培育形成新动能主体力量。而为新动能加速成长、旧动能接续转换提供坚实支撑保障的条件之一是健全充满活力的人才支撑体系。

山东省处于新旧动能转换、经济转型升级的关键阶段，高端装备制造业集群和战略性新兴产业的发展需要引进和培养一

---

① 新兴产业：新一代信息技术、高端装备、新能源新材料、现代海洋、医养健康；传统提升产业：绿色化工、现代高效农业、文化创意、精品旅游、现代金融。

大批具有国际水平的战略科技人才、高水平创新团队；新业态、新模式以及多产业的融合发展也对人才培养提出了新方向。山东省经济的转型升级对山东省的人才工程提出了更高的要求，要转变原有人才工程机制设置，创新人才工程管理制度。通过一系列人才工程的改革、创新，贯通人才向产业流动的通道，为山东省经济的高质量、快速发展源源不断地输送优质人才。

（四）人才工程资金管理是提高人才工程政策效果的重要途径

不论是提高国家竞争力的战略需要，还是山东省经济转型的客观要求，山东省对人才的引进、培养、使用和激励都越来越重视。如何才能有效地提高人才工程的政策效果，推动人才产业融合发展，促进科技成果转化为现实生产力，是山东省人才工作需要破解的难题。人才工程的政策引导需要人才投入的支持，人才工程资金是实现人才战略的基本保障，因此，人才工程的资金管理是提高人才工程政策效果的重要途径。

尽管人才工程资金投入数量不断增长，但"重投入、轻产出"的问题越来越严重，导致原本稀少的人才资金不能发挥效用。资金的审批、投入、使用、监管等工作环节直接影响到人才工程的实施效果；资金的投入规模、投入方式、投入精准度关系到政府人才工程决策机制的科学性和合理性；资金使用的合理、规范和自主性关系到财政资金引导性作用的发挥；资金的管理方式和水平关系到人才工程的政策效果。本书以人才工程资金作为人才工程研究的切入点，从开源和增效两个方面入手，认为提高人才工程资金使用效率，是实现人才工程高效管理的有效途径。

二、选题意义

本书从资金的视角研究人才工程，丰富了人力资本理论。对人才工程资金绩效评价体系的研究，使绩效评价指标更加全面和完整，使我国的财政支出绩效评价体系更加完善。

从实践意义上看，本书属于应用对策性研究。通过梳理山东省人才工程政策，调研人才工程资金使用现状，发现人才工程资金存在的问题，为政府人才政策的制定和改革提供现实依据；对人才工程资金"开源"的研究，推动建立市场化运作机制。有助于探索无偿资助的有序退出机制，缓解政府财政压力，解决人才工程资金的供需矛盾；人才工程资金绩效评价体系的建立为政府全方位、全过程监管和评价人才工程资金提供了可操作性对策。通过人才工程评价体系对资金政策效果科学、准确的评估，有助于正确制定、执行和完善人才政策，更好地配置政策资源，提高政府正确履行职责的能力和水平。

在"山东省新旧动能转换综合试验区"建立的背景下，在山东省经济进入高质量发展的新时期，经济形势的变化对山东省人才工作提出了新的要求。本书的研究，能够助力山东省有效利用好现有人才工程资金，并且实现人才发展资金持续性大幅度增长；助力山东省引进来、留得住、用得好急需的各类人才；助力山东省新旧动能改造，满足经济社会发展所需，为山东省人才建设急需解决的现实问题提出富有成效的对策建议。

第二节　基本概念的界定

一、人才工程及分类

（一）人才工程的定义

1. 人才的定义

人才，是指具有一定的专业知识或专门技能，进行创造性劳动，并对社会作出贡献的人，是人力资源中能力和素质较高的劳动者[①]。人才包括经营人才、管理人才、技术人才和技能人才。

高层次人才是指各行各业、各领域中处于掌握高、精、尖技术的重要人才。他们在各领域中能为社会创造财富，能为人类的进步、社会的进步贡献出重要力量的人[②]。

2. 工程及工程管理的定义

工程是科学和数学的某种应用，通过这一应用，使自然界的物质和能源的特性能够通过各种结构、机器、产品、系统和过程，以最短的时间和最少的人力、物力做出高效、可靠且对人类有用的东西。将自然科学的理论应用到具体工农业生产部门中形成的各学科的总称[③]。工程是项目的广义说法，工程里包

---

① 中共中央组织部《国家中长期人才发展规划纲要（2009—2020）（征求意见稿）》（组通字〔2009〕45号）。

② 毕海燕. 基于 GEM 模型的海外高层次归国人才来陕创业绩效研究［D］. 西安工业大学博士学位论文，2016.

③ 定义来源百度百科。

含了许多的项目。

从动态的角度，工程可以定义为由一群（个）人为达到某种目的，在一个较长时间周期内进行协作（单独）活动的过程。

工程活动不仅受到工程理念、决策设计、构建、组织运行等过程的支配也关联到资源、材料、资金、环境和信息等要素的合理配置。如何有效地利用各类资源，用最小的投入获得最大的回报，实现在一定边界条件下的综合集成和多目标优化？必须在正确的理念指导下，对工程活动进行决策计划、组织、指挥协调和控制，亦即工程管理。

3. 人才工程的定义

人才工程是"人才"+"工程"，从字面上解释就是围绕人才而组织实施的工程。具体来讲，就是将人才的理论研究、制度建设以及人才的培养、吸引、使用、流动、激励、保障等工作进行工程管理或项目化运作，运用工程管理的知识、技术、工具和方法，在特定的时间和资金约束下，以人才工作重大事项或活动为工作对象，开展可行性论证，合理调配资源，进行有效的计划、组织、协调和控制，以实现人才工作的目标。

在国外的相关文献中出现较多的是"人才项目"这个概念，"人才工程"是一个具有中国特色的概念，本书中特指一些高层次人才引进、培养和使用的创新、创业型人才项目。

4. 人才工程的特点

人才工程具有较强的公共服务特点。公共服务（Public Service）的主体是政府或者社会公共组织，由它们为公民提供共同消费的公共物品和服务，主要服务于教育、科技、文化、卫生、体育等公共事业服务。按公共财政支出项目分类，包括基础教育、医疗卫生、公共设施、社会保障、科学技术、文化体育等方面的内容。其中，基础教育、科技服务等项目中包含了人才培养服务。

（二）人才工程的分类

根据分类标准的不同，人才工程的类别也不同。下面主要介绍三个分类方法：

1. 按人才工程的内容划分

可以分为人才培养类工程、人才引进类工程、人才激励类工程。①人才培养类项目，主要包括人才培训及继续教育、高端及各类紧缺人才培养、创业培育等培养类工程；②人才引进类工程，主要包括各种形式和层次的智力引进、人才引进类工程；③人才激励类工程，主要包括各类人才竞赛、评比、选拔、奖励等项目。

2. 按照人才工程的投资主体划分

可以分为政府投资类人才工程和非政府投资类人才工程。人才工程的投资主体可以是政府、用人单位、个人及社会的多元化投资主体。①政府投资的人才工程，资金来源于财政预算。如长江学者奖励计划、海外高层次人才引进计划等。②非政府投资的人才工程，以企业或社会资金为主。如企业的各类技能培训等。

3. 按人才工程实施主体层级划分

可以分为国家级人才工程、省级人才工程、市县级人才工程。①国家级人才工程主要指人才工程的实施主体是党中央、国务院，或者是中央国家机关相关部委，面向全国范围，组织实施的人才项目。②省级人才工程，主要指人才工程的实施主体是省级党委、政府，根据本省人才发展实际，组织实施的人才工程。③市县级人才工程，主要指人才工程的实施主体是市及以下党委、政府及相关部门按照地区经济发展的特色而组织实施的人才工程。

二、人才工程资金来源及资金使用效益

（一）人才工程资金来源

人才工程资金的来源包括政府财政投入、企业自有资金投入、金融市场各类投资机构投入、社会及个人闲散资金投入等。由于人才工程的准公共产品属性，我国人才工程资金投入以政府财政投入为主。

（二）资金使用效益

资金使用效益包括经济效益和社会效益。经济效益主要表现为投入的经济性、管理的效率性与产出的效果性。经济性指资金使用是否节约，资源利用是否合理，即资源配置的机制是否合理；效率性指资金管理机构设置是否科学，管理手段是否高效；效果性指资金数量筹集是否达到最大化，资金使用质量是否符合标准，即资金投入与产出的对比关系，侧重资金使用结果。社会效益指资金使用是否满足社会需求，是否带动社会进步、科技发展。经济效益侧重于满足当前利益，考察资金使用的短期效益；社会效益着眼于未来的发展，注重资金使用的长期效果。

三、小结

根据对上述概念的分析和理解，人才工程主要指政府、企业、社会等各类投资主体的、多层级的高层次人才引进、培养

及激励类项目。同时结合山东省人才工程的实际现状，以及研究的可行性，本书将研究对象主要界定为山东省省级人才工程的资金使用效益（由于市县级人才工程数量及种类较多，本书将不再详细分析）。本书中人才工程资金的使用效益具体包括经济效益和社会效益，从资金投入、使用到产出的全过程予以研究。

第三节　研究思路、内容和框架

一、研究思路

山东省的新旧动能转换离不开人才支撑，人才引进、培养与人才使用是人才战略中的两大重要内容，这两个方面都离不开人才工程资金问题。本书以山东省人才工程资金为切入点，根据山东省人才工程资金中存在的问题进行问题导向型研究，此应用性研究更具政策的针对性。

首先，通过实地调研及数据资料收集，梳理山东省人才支持的相关政策及山东省人才工程资金的现状。

其次，综合考虑山东省自然禀赋、经济发展特色以及新旧动能转换重点扶植产业等因素，找出山东省人才工程资金的问题。

最后，借鉴国内外人才资金使用的成功经验，从"开源"和"增效"两个角度提出拓宽资金来源及提高资金使用效益的具体建议和方案。

二、内容和框架

本书在对国内外经典理论及与人才工程相关的文献进行梳理的基础上，主要以省级人才工程为研究对象，结合山东省人才工程政策及人才工程资金的现状，采用数据分析及调研等方法，深入分析了山东省人才工程资金存在的问题。并以经典理论为指导，从"开源"和"增效"两个方面提出了相应的对策。本书的主要内容如下：

第一章是导论。首先从人才工程是提高国家竞争力、推动地区经济发展以及山东省新旧动能转换背景下对人才工程的高要求等角度介绍了本书的选题背景，并指出资金管理是提高人才工程政策效果的重要途径，从而引出本书的研究内容。其次从理论和实践两方面阐述了本书的选题意义。再次介绍了和本书内容密切相关的几个重要概念。最后概括了本书的研究内容、方法及创新点。

第二章是理论基础与文献综述。理论基础主要分为人力资本投资理论、公共产品理论、新公共管理理论。文献综述包括国内外关于人才的理论和实践研究、人才工程以及财政资金使用效益的文献综述。通过这部分内容的梳理和总结，为问题的解决提供理论基础、分析的工具。

第三章是山东省人才资金的多维度分析。首先对山东省、市级主要人才工程进行了梳理，并指出当前人才政策中存在的突出问题；其次从投入数量和投入结构两个维度重点分析了人才工程资金的现状；最后从资金取得的成效及经济效益角度对人才工程资金的产出进行了总结。

第四章对山东省人才工程资金存在的普遍问题进行了分析。本部分主要采用调研的方式对山东省泰山系列人才工程中的单位、个人、团队，以及人才工程的管理人员进行访谈或问卷调查。从资金投入、资金使用及资金管理三个方面对资金存在的问题进行了论述。

第五章是扩大人才工程资金来源渠道的对策。首先，鼓励山东省各用人单位要认真研究国家现有的各类人才政策，最大限度地争取各类中央资金，作为山东省人才工作资金的有力补充；其次，通过税贷等经济手段，奖励等行政手段刺激企业加大对人才资金的投入；再次，通过市场机制引导金融资本参与人才工程；最后，充分调动社会闲散资金助力人才工程。

第六章是提高人才工程资金效益的对策。首先，从投入规模合理化、投入对象精准化、投入方式科学化等方面提高资金投入的效果；其次，从建立全过程的绩效评价体系的方式提高资金的使用效益；最后，就完善和提高资金的管理水平方面提出几点建议。

全书框架如图 1-1 所示。

山东省人才工程资金现状

山东省人才支持政策梳理

资金投入

投入规模

投入方向

（行业集中度）

资金产出（效益）

企业经济效益

社会效益

提出问题

山东省人才工程资金存在的问题

资金不足、来源单一

政府资金为主

企业资金不足

金融机构资金 极少

社会闲散资金 投入没有

资金使用效益有待提高

后期跟踪评估不足
名义数量多，实际来鲁工作少
大额资金重叠奖励少数人
小额资金激励效果不明显

分析问题

引导社会资本参与的具体措施

企业

①财政支持
②税收激励
③对企业的人才投入提供各种形式的奖励
④政府采购优选本地科技型中小企业产品

金融机构

①种子基金
②风投基金
③专利权质押贷款
④项目投资平台建设

社会组织

①组建科技类型的协会和捐助项目筹集社会资金
②发行人才项目彩票

提高资金使用效益的具体措施

①以山东重点产业发展所需人才为靶心实行资金精准化投入
②推进产业集群发展
③建立项目征集和认领平台：科研P2P平台
④支持猎头公司和人才中介机构发展
⑤建立"单一窗口"式的人才服务平台
⑥完善人才工程资金使用效益评价系统

解决问题

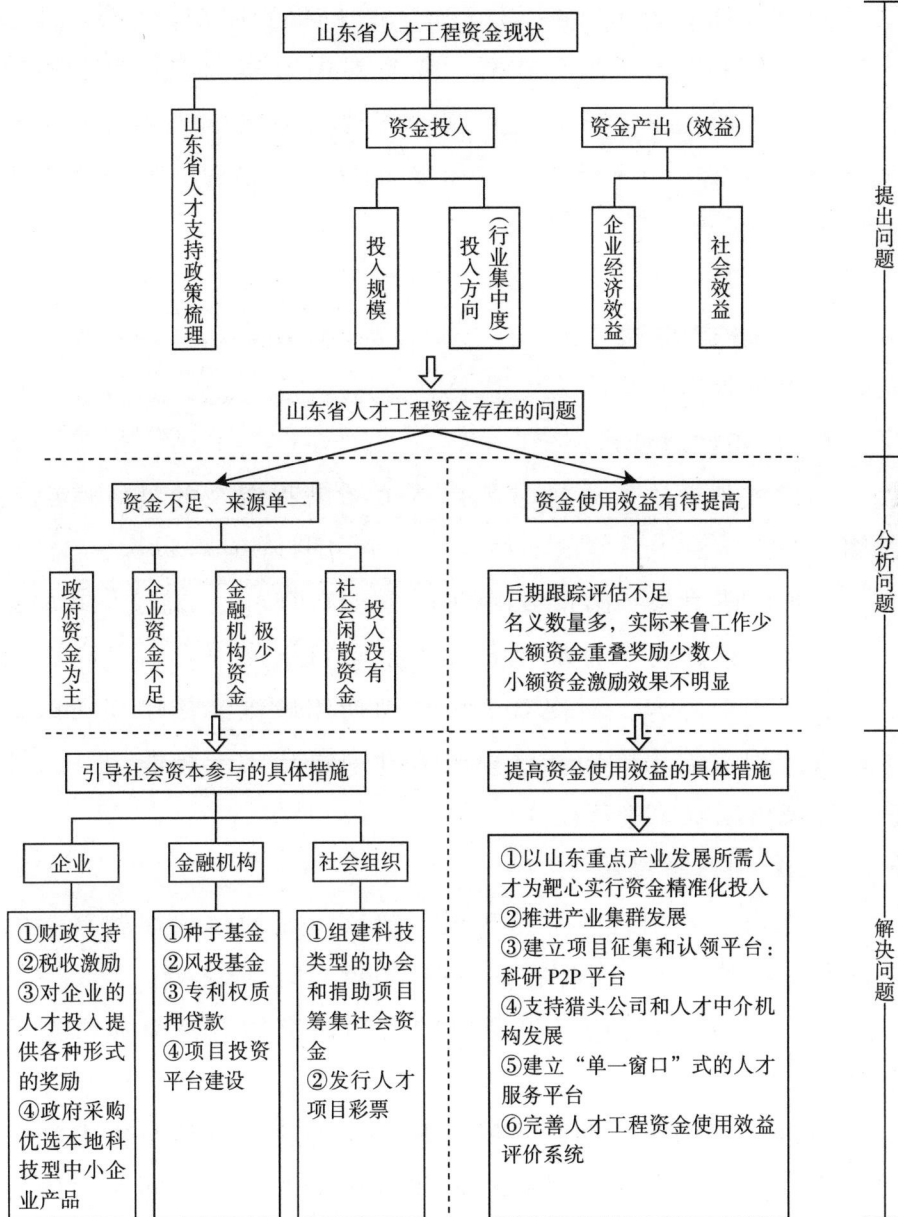

图1-1 全书框架

第四节　研究方法和创新点

一、研究方法

（一）实地调查法

通过实地调查真正地掌握山东人才工程资金的具体情况和数据。

（1）调研对象：山东省内的企业、科研院所、高校、政府；

（2）调查方式：调查问卷、面谈、电话访谈等；

（3）调查内容：对现有人才资金使用政策和使用现状以及企业人才引进需求方向和规模、人才引进成本承担能力、人才合格性评价因素等进行调研。

（二）法律解释法

对现有人才引进政策法规进行梳理，并通过法律解释学的方法探讨相关规则本身存在的空白、重叠和模糊之处。

（三）文献资料法（为课题的前期研究做好资料和数据的准备）

通过查阅书籍、期刊、网络数据库等途径收集与本书相关的资料，梳理中外学术界关于人才资金来源与效益问题的研究现状、研究方向和主要研究方法。

收集国家统计局、山东统计局、各地方统计部门定期发布的统计公报、定期出版的各类统计年鉴。掌握山东省及各地市人才需求、人才引进的统计数据以及山东省经济社会相关权威数据。

收集和查找国外和其他省市人才政策相关法律文件。

（四）计量分析法

首先建立目标层—功能层—指标层的三层塔式指标体系，通过社会调查获取统计数据，采用层次分析法确定各指标权重，并建立模糊综合评价模型进行评价。

（五）比较分析法

了解国外和国内有关省市人才工程资金的情况，将其他国家和省市的先进理念及发展思路，结合山东省的实际情况进行研究。

二、创新点

（一）学术观点创新

1. 人才工程资金来源渠道的创新

针对山东省人才工程资金来源渠道单一的现状，并借鉴西方发达国家资金来源的先进经验，本书重点研究资金"开源"问题，提出"以增进企业资金投入为重点；利用各种金融工具，充分挖掘金融市场资金潜能；并以社会闲散资金为补充"的多渠道融资方式。通过各种政策机制创新、金融工具创新及社会组织形态创新构架人才工程资金渠道，这一观点的提出，能够完善我国及山东省人才资金来源的理论欠缺。

2. "靶心式"资金精准投放方式的创新

在人才工程资金有限的约束条件下，应该强调资金的精准投放。即有限的资金优先投入本省重点产业的人才工程建设，实现人才资金对经济增长的效用最大化。本书提出政府要从"选人才"向"选企业"转变。首先，将资金投放到本省优势产业的重点企业中，通过财政资金的引导作用，实现政府顶层设计；其次，将人才选拔和评价权直接下放给企业，使处于人才需求一线的用人单位发挥主导作用，使市场对资源配置起到决定性作用；最后，通过人才资金使用方式的创新——科研 P2P，实现产业、资本、人才的精准对接。

3. 以项目为依托的人才资金使用方式的创新——科研 P2P 平台

借鉴时下流行的互联网金融平台 P2P 的模式，本书首创提出"科研 P2P 平台"的概念。创建线上线下协作的科研 P2P 平台，这一平台连接三方：另一方是有着项目科技攻关需求及项目研究资金需求的企业；一方是国内外不同领域的各类高端人才；还有一方是有着投资需求的个人、企业及机构投资者。通过平台进行招标，使人才的创新性科研活动与企业的创新科技需求精准匹配，实现人才支撑经济社会高质量发展的目标。这种以项目为依托的要素配置方式，不但可以实现人才资金的精准投放，而且可以实现人才跨时空引进（即不需要人才地理位置的迁移，异地人才可以承接山东省项目）。同时，以项目为载体进行融资，可以拓宽人才资金的来源渠道，并充分发挥各方监督作用提高资金使用效益。

4. 人才资金使用效益评价模型的创新——双层绩效评价体系

本书在人才工程分类的基础上，建立双层绩效评价体系。具体内容是：根据评价对象的不同，将绩效评价体系分为宏观层面的人才工程整体的评价体系和微观层面的具体人才项目的评价体系。尽管两者的评价主体不同，但都是从不同的角度对人才工程政策，各级资金管理者的管理、监督效率以及资金使用者的使用效益进行评价。对具体人才项目评价体系的指标设置分为共性指标和个性指标，个性指标的设计要区分不同人才项目的类别，要体现不同行业及专业的差异性。对具体人才项目的资金使用绩效的评价数据及结果是进行整体人才工程绩效评价的基础，整体人才工程的评价结果是修订政府人才工程政策目标、预算方式、监督和管理流程等内容的依据，最后根据新修订的政府人才工程目标进行微观人才项目的绩效评价指标的修订。具体逻辑关系如图 1-2 所示：

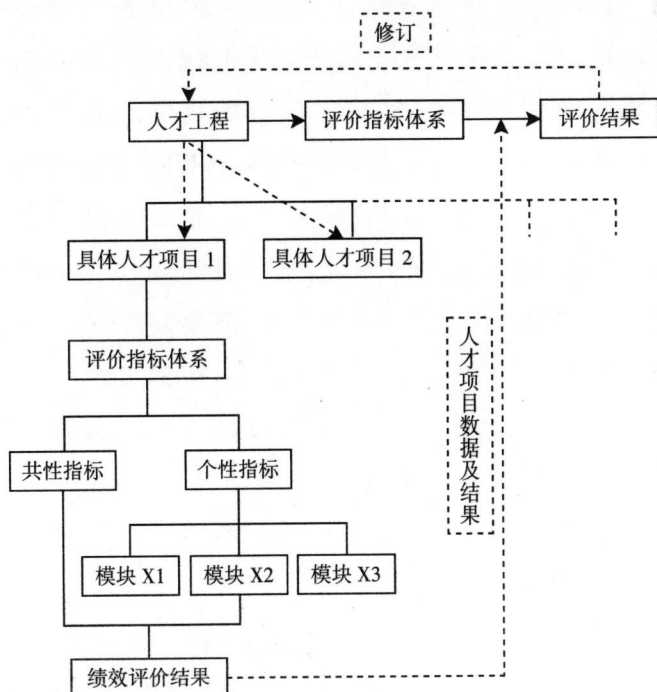

图 1-2 逻辑关系

（二）研究方法创新

本书采用了问题导向型跨学科的研究方法，紧紧围绕所要解决的人才资金使用效益和资金拓展渠道问题，跨越行政法学、人力资源管理学、财务管理学、产业经济学、统计学、数量经济学、金融学等多学科界限。这种问题导向型的广视角研究，对于应用对策型的研究，既具有实用性，又具有方法上的新颖性。

第〇章
理论基础与文献综述

第一节 理论基础

一、人力资本投资理论

（一）人力资本投资思想萌芽

古典经济学的创始人威廉·配第（1676）提出"土地是财富之母，劳动是财富之父"的著名观点被认为开启了人力资本理论研究的大门[①]。后来亚当·斯密（1776）和马歇尔（1890）等新古典经济学家先后发展了这一思想。18世纪，英国经济学家亚当·斯密在《国富论》中阐明："学习获得的才能，已经转换为学习者自身才能的一部分，用学到的才能来创造财富，可以增加社会财富。在社会的固定资本中，除了物质资本之外，还包括

---

① 威廉·配第. 配第经济著作选集中译本 [M]. 上海：商务印书馆，1981.

社会上一切人的有用才能"①。该思想表明，人力资本是社会进步和经济福利增长的源泉。19 世纪的经济学家马歇尔对人力资本的阐述更为明确，在《经济学原理》这本书中指出"所有的投资中，人力资本的投资是最有价值的"②。这些古典、新古典经济学家对人力资本研究的基本观点是后来人力资本投资理论形成的直接源泉。

（二）人力资本投资理论体系

早期关于人力资本投资的研究只是一些经济学家的基本思想，并未形成理论体系。直到 20 世纪 60 年代才逐步形成了人力资本投资研究的理论体系。其中，最具代表性的是西奥多·舒尔茨（Theodore Schultz）、加里·贝克尔（Gary Becker）创立的人力资本理论，以及卢卡斯和罗默的内生增长理论。

1. 舒尔茨的人力资本理论

舒尔茨（1961，1971）③对人力资本所下的定义为："所谓人力资本，是相对于物力资本而存在的一种资本形态，表现为人所拥有的知识、技能、经验和健康等。"人力资本不同于单独存在的物质资本，它属于人的属性的一部分，随着人类的不断学习、技能提高而得到发展，同时它也保存着资本的属性。人力资本具有投资主体多元化、投资周期长以及收益难以预计等特点。

舒尔茨进一步将人力资本投资内容归纳为五个方面：一是医疗和保健，泛指影响人的寿命、力量、精力和生命力的所有费用；二是在职人员培训；三是正规的初、中、高等教育；四是由企业组织为成年人举办的学习培训项目（不包括商社组

① 亚当·斯密. 国民财富的性质和原因的研究 [M]. 上海：商务印书馆，1964.
② 马歇尔. 经济学原理 [M]. 北京：商务印书馆，1981.
③ 舒尔茨. 论人力资本投资 [M]. 吴珠华译. 北京：北京经济学院出版社，1990.

织）；五是个人和家庭的就业迁移。其中，教育是人们提高自身能力的重要途径，对经济增长有巨大的推动作用。

舒尔茨还对人力资本投资的作用进行了总结，他认为，人力资本投资是经济增长的主要源泉，是效益最佳的投资，人力资本投资的消费是具有耐用性的，甚至比物质的耐用消费品更加耐用。

由此可见，人力资本投资不仅是发展经济、提高市场竞争力的需要，也是国家、民族、地区、企业长期兴旺发达的重要保证，更是一个现代人充分开发自身潜能、适应社会、改造社会的重要措施。

2. 贝克尔的人力资本理论

舒尔茨的研究较多侧重宏观分析，加里·贝克尔对人力资本投资的研究则完全建立在微观分析基础之上。他运用经济数学的分析工具，从家庭及个人的角度出发，对一系列行为（例如婚姻、生育及家族消费等）进行了行为决策和成本—收益分析[①]。贝克尔提出"所有用于增加人的资源并影响其未来货币收入和消费的投资，为人力资本投资"[②]。在计算人力资本投资成本时还引入了机会成本的概念。即人力资本投资的成本除计算形成人力资本过程中的各项开支外，还应将由接受人力资本投资而未参加劳务活动所损失的收入计算在内。

贝克尔的另一贡献是提出了在职培训的理论模型。他指出，企业人力资本的投资包括雇主和员工，培训内容包括通用技能培训和特殊技能培训。由于人力资本投资的特殊性以及产权不

① 加里·贝克尔. 家庭论 [M]. 王献生等译. 北京：商务印书馆，2005.
② 加里·贝克尔. 人力资本理论：关于教育的理论和实证分析 [M]. 郭虹等译. 北京：中信出版社，2007.

明晰等特性，人力资本投资收益具有外部性。即被培训者一旦离开企业，培训者将得不到投资收益，而随着被培训者流入其他企业，则会给其他企业带来劳动生产率的提高。因此，很多企业不愿意加大人力资本的投入。

3. 罗默和卢卡斯的内生增长理论

内生增长理论将技术作为内生变量，用内生的技术进步解释经济的持续增长以及各国间增长率差异的原因。罗默和卢卡斯将人力资本因素引入新经济增长模型。罗默认为，技术就是知识，可以以无形的人力资本形式存在，也可以体现在有形的商品中①。卢卡斯则认为，技术就是无形的人力资本②。尽管两人对技术的表现形式认识有所差异，但他们一致认为：人力资本投资的外部性导致社会经济体的规模收益递增，从而促进经济持续增长，即突出强调了人力资本对经济的贡献。

（三）人力资本投资理论新进展

人力资本研究从宏观角度研究人力资本对一个国家或地区经济增长的影响转向人力资本投资对企业、家庭及个人的影响，以及微观主体对人力资本投资行为决策的研究；从关注人的知识、技能、健康的研究转向政策支持和区域合作方面的研究；人力资本研究更加重视理论和实践结合的研究。例如，采用目标管理法、关键业绩指标法和平衡计分卡等先进方法，对人力资本投资和积累效益进行分析和评估，以便更好地进行人力资本管理。

---

① Paul M. Romer, Increasing Returns and Long-run Growth [J]. Journal of Political Economy, 1986 (5).

② Robert, E. and Lucas, Jr. On the Mechanics of Economic Development[J]. Journal of Monetary Economics, 1988 (22).

二、公共产品理论

公共产品理论是协调政府与市场关系、构建公共财税体制、市场化公共服务的基础理论。最早由经济学家林达尔在 1919 年提出的，他认为，公共产品价格并不完全依据政治和强制性税收，也可以根据个人意愿来确定价格。关于"公共产品"严格的定义则是 1954 年由萨缪尔森提出的。该定义为："公共产品是这样一种产品，即每个人对这种产品的消费都不会导致其他人对该产品消费的减少"[①]。公共产品具有非排他性和非竞争性。

按照公共产品理论，人力资本投资是一种准公共产品。具有竞争性和非排他性。首先，人力资本的投资具有竞争性。由于资源有限，用于人力资本教育、培训、医疗等方面的投资是有限的，不可能所有的人都获得相同的机会。其次，人力资本投资是非排他性消费。人力资本投资具有明显的外溢性，在提高人的自身能力的同时，也产生了明显的社会效益，促进了社会生产率水平的提高。

准公共物品供给可以是市场化的方式、政府的方式以及政府和市场混合供给方式。同理，在人才工程资金来源问题上，人才工程资金的供给可以是政府、市场以及政府和市场的混合供给。政府提供公共物品时需符合效率原则，以最小的资源投入获得最大社会效果。就人才工程资金而言，资金的安全性、资金的合理配置、资金的产出均需要效率原则提供指导作用；

---

① Samuel，P.A. Pure Theory of Public Expenditure [J]. The Review of Economics and Statistics，1954（4）.

市场化方式则优先考虑的是利润最大化和成本最小化；对于混合型供给方式，要同时兼顾社会效益和经济效益。因此，在人才工程资金使用效益的评价指标体系上不同于传统的业绩评价体系。

三、新公共管理理论

20世纪70年代，西方国家政府运行成本高、效率低、组织模式僵化等问题日益严重。后工业化时代社会公众对政府工作的应变性和灵活性的矛盾日益尖锐。为改变这一现状英国首相撒切尔夫人首先实行了政府改革运动，随后其他国家也纷纷开始改革。政府改革的实践迫切需要理论的依据和指导，胡德（1991）[①] 的新公共管理理论应运而生。

新公共管理理论将多学科进行融合，是对公共管理理论的革新，主张将私人部门和企业的管理理念运用于公共部门管理，以提高公共管理水平和公共服务质量。其主要内容可以概况为以下几点：

一是引入私人部门的管理模式和方法。如在公共部门管理中采取私人部门的目标管理、绩效评价、顾客至上原则和激励机制等。

二是引入市场竞争机制。长期以来，公共部门的垄断局面是造成管理效率不高的主要原因，在公共部门中引入竞争机制有助于弱化公共部门集权的局面，促进部门之间展开竞争，提高服务质量和效率。西方国家政府引入竞争机制的主要手段有：

---

① Hood C.A, Public Management for All Seasons? [J]. Public Administration, 1991 (69).

开放公共产品市场、公共部门私有化、政府管理分权化以及市场竞争法制化等。

三是公共部门适当分权。分权可以是将权利和责任授权到较低的管理部门，也可以采取外包的形式外包给社区组织、民营企业等。分权可以调动各级管理者的主动性和积极性，提高管理效率，还可以降低成本、促进管理的灵活性。

四是新公共管理理论主张在公共部门实行明确的绩效管理。现代经济学中的成本—效益原则为绩效管理提供依据。通过对财政支出绩效管理可以解决资源配置不合理、支出资金效益不高的问题。然而建立在公共管理理论基础上的绩效管理不同于之前的绩效评价，它更加关注资金的产出效果、服务质量和资金使用满意度；更加关注预算评价管理；更加关注绩效评价结果的应用，将私人部门的激励创新机制应用到绩效评价中。

第二节 文献综述

一、与人才相关的研究综述

通过对相关文献的梳理，笔者发现与人才相关的重要理论都是由西方学者提出的，主要包括人力资本理论和人才流动理论两个方面。这些理论为西方及我国的人才培养和引进实践提供了指导，为各国制定相应的人才政策提供了理论依据。

(一) 国外相关研究评述

1. 关于人才的理论研究

与人才相关的理论研究包括人力资本理论和人才流动理论。关于人力资本的思想可以追溯到古希腊哲学家柏拉图。他指出教育可以促进人的能力发展，这是人力资本概念的雏形。而第一个明确提出人力资本的存在及其对经济增长的重要意义的学者是亚当·斯密。斯密在其代表作《国富论》中指出："在社会固有资本中，除物质资本外，还包括社会上一切人民学到的有用才能。"现代人力资本理论产生于 20 世纪 60 年代，由美国著名经济学家西奥多·舒尔茨 (Theodore W. Schultz) 提出，他详细论述了人力资本在经济增长中的关键作用。形成了完整的人力资本理论，舒尔茨由此也被称为"人力资本之父"。保罗·罗默 (Paul M. Romer)、罗伯特·卢卡斯 (Robert Lucus) 等提出了内生增长理论，将人力资本引入经济增长模型中，用人力资本完美地解释了经济的持续增长问题。

对人才流动问题的研究始于学者 Tiebout (1956)[1] 提出的横向政府竞争的蒂布特模型。美国耶鲁大学教授奥德弗的 ERG 理论[2] 从需求的角度解释了人才流动的原因。著名的心理学家勒温的场论[3] 认为，一个人能力的发挥不仅与个人素质有关，而且受所处环境的影响，由于个人无法改变环境，唯一解决的办法就是换个环境，于是形成了人才流动。美国学者库克 (1961) 则认为人才流动是保持和激发人才创造力的重要方式。另外配第·

---

① Tiebout A., Pure Theory of Local Expenditures[J]. Journal of Political Economy, 1956 (10).

② Clayton Alderfer, An Empirical Test of a New Theory of Human Need [J]. Psychological Review, 1969.

③ Lewin, K., Field Theory in Social Sciences [M]. London: Tavistock, 1960.

克拉克定理[1]从社会大生产及产业结构发展变化的视角解释了劳动力流动的原因。

人力资本理论表明，人才就是财富和资本，揭示了人力资本对经济增长的重要作用及内在机制；人才流动理论分析了人力资本流动的影响因素。国外相关学者的研究从更深层次为人才培养和引进提供了理论依据。

2. 关于人才的实践研究

在实践方面，国外学者主要从人才引进对流出国和流入国的影响进行研究。J. Bhagwati（1972）[2]认为，在全球人才争夺中，发达国家在经济发展、基础设施、人才待遇等方面领先于发展中国家，因此吸引了大批海外人才，并推动其自身经济发展，而发展中国家面临人才流失等问题。Mountford（1997）[3]指出，虽然人才输出国面临人才流失的风险，但是通过人才的输出能够推动人才流出国技术的进步与发展。A. Saxenian（2001）[4]以硅谷和新竹科技园的人才流动为例，指出人才的循环流动对两地都有积极影响，促使两地工业和技术的提升。MDD Santos（2003）[5]指出，从长期来看，更多接受高质量教育的留学生或迁移者会回流到母国，带动发展中国家经济的发展。

① Colin, C. The Conditions of Economic Progress [M]. London：Macmillan & Co. Ltd., 1940.

② Bhagwati, W. D. The Brain Drain and Income Taxation：A Proposal [J]. Working Papers, 1972（5120）.

③ Mountford, J.Can a brain drain be good for growth in the source economy? [J]. Journal of Development Economics, 1977（2）.

④ Saxenian, A. and Hsu, J. The Silicon Valley-Hsinchu Connection：Technical Communities and Industrial Upgrading [J]. Social Science Electronic Publishing, 2001（10）.

⑤ MDD Santos, F. Postelvinay. Migration as a Source of Growth：The Perspective of a Developing Country [J]. Journal of Population Economics, 2003（16）.

（二）国内相关研究评述

周鹏程（2013）[1] 从财政政策的视角对引进海外高层次人才提出了政策建议。郑代良、章小东（2015）[2] 提出，应具备国际视野并以更加开放的方式去发掘、培育、吸引国内外杰出人才，同时在人才立法、国籍户籍制度改革、高层次人才管理机构设置、科研环境改善等方面有所作为（张楠，2017）[3]。毛军权、孙美佳（2017）指出，政府要通过网络化平台，建立服务信息化系统，同时借助社团组织，探索高层次人才自助服务体系和政府购买服务，让更多机构和组织参与到高层次人才引进工作中。李健等（2018）指出，政府要建立需求调查机制，切实梳理、汇聚和掌握人才需求。同时要提升公共服务效率，加快推进人才综合服务中心、国际人才交流协会建设。张翔等（2011）[4] 围绕科技型中小企业创新人才培养与引进机制问题进行了研究，他认为高新开发区的科技中小型企业普遍存在人力资本投资不足，创新人才培训机制不健全，创新激励措施不全面等弊端，这些问题严重限制了创新人才的自我发展，难以激发人才的工作积极性。因此提出"柔性引才"、人力资本入股、弹性工作时间等措施以推动创新人才引进。王亭（2010）[5] 就苏州新加坡工业园区紧缺人才引进策略进行了研究，提出如下策略：加强海外招才引智力度；减少国内人才恶性竞争；加快创新型人才载

① 周鹏程.海外高层次人才引进财政政策研究——以南京市为例 [D].中共江苏省委党校博士学位论文，2013.

② 郑代良，章小东.中美两国高层次人才政策的比较研究 [J].政策分析，2015（11）.

③ 张楠.S市H区高层次人才引进问题和对策研究 [D].沈阳师范大学博士学位论文，2017.

④ 张翔，张志明.科技型中小企业创新人才培养与引进机制研究——以合肥市高新开发区为例 [J].长春理工大学学报（社会科学版），2011（8）.

⑤ 王亭.苏州新加坡工业园区紧缺人才引进策略研究 [D].苏州大学博士学位论文，2010.

体建设；整合高校人才资源；提高人才科学测评水平；优化就业生活环境等。

国内文献对人才引进机制的研究维度比较全面，有专门针对海外高端人才引进的研究；有从区域的角度，如基于国家层面的研究，也有专门针对某个省、市或者高新区等人才引进、培养机制的研究；有从行业性企业的角度，如事业单位、医院、学校；有从企业性质（如科技型中小型企业）入手进行分析。不管研究者站在哪个角度或层级，文献研究的内容主要集中在人才引进、培养中存在的问题以及促进人才引进、培养、使用的政策、机制、措施上，通过客观评价我国人才工作的现状，提出提高人才工作效率和水平的对策。

二、人才工程研究综述

如前所述，实施人才工程是我国人才发展战略重要内容。因此相关研究主要集中在国内学者的研究文献中。通过梳理人才工程的相关文献，可以将其分为三个方向：

（一）人才工程的效应分析

这类文献聚焦于实施人才工程的效果评价。袁宝宝（2017）[①]运用 SPSS 软件回归分析了实施百人工程这类激励机制对人才职业成长的影响，结果表明北京的"百人工程"对激励入选人才的成长具有积极的作用。王辉耀等（2012）[②]在其《中国海归创

---

① 袁宝宝.北京市"百人工程"对哲学社会科学人才成长影响的实证研究［D].北京交通大学博士学位论文，2017.
② 王辉耀，路江涌.中国海归创业发展报告（2012）［M].北京：社会科学文献出版社，2012.

业发展报告》中，从定性角度大致认为我国引进海外人才的工程取得了积极成效。中央组织部人才工作局（2011）对海外人才引进工程的实施情况作了问卷调查，被访者对引才的预期效果充满信心。除了国家级人才工程的评价，胡倩楠（2016）[①]运用AHP法建立指标体系对江苏省人才工程进行绩效评价。

（二）人才工程政策运行的现状、问题分析

一些研究通常以具体人才工程为案例，通过政策运行现状中透视出的相关问题实施对策性研究，且对策性研究以建议性质为主。如张宏伟（2016）[②]以 A 省某产业人才工程为例梳理了人才工程的实践困惑，并从政府绩效管理、公共治理、项目管理等理论视角重构了人才工程的路径。韩玮（2016）[③]以南京市"321 人才计划"为研究对象，分析了"321 计划"存在的问题、成因及改进策略。此外还有廖紫云（2019）[④]、徐凤辉等（2018）[⑤]等。还有一些研究以人才工程整体为研究对象，如张宏伟（2006）从政策制定、目标设定、实施模式、管理机制方面分析了人才工程存在的问题并提出相应的政策建议。夏永祥（2010）[⑥]从提高人才工程的服务效果方面进行研究。

（三）人才工程资金政策分析

周鹏程（2013）[⑦]从制度、流程、机制、拨付四个方面对人

---

① 胡倩楠. 区域人才工程绩效评价研究——以江苏省为例 [D]. 中国矿业大学博士学位论文，2016.

② 张宏伟. 产业人才工程：实践困惑、理论反思及路径重构——以 A 省某产业人才工程建设为例 [J]. 现代科学管理，2016（10）.

③ 韩玮.南京市"321 人才计划"研究 [D].南京大学博士学位论文，2016.

④ 廖紫云. 南京市"宁聚计划"人才政策研究 [J]. 人力资源，2019（3）.

⑤ 徐凤辉，王俊.中国高层次青年人才项目实施现状分析 [J].中国青年研究，2018（7）.

⑥ 夏永祥. 怎样提升人才工程项目的服务效果 [J]. 中国人才，2010（3）.

⑦ 周鹏程. 海外高层次人才引进财政政策研究——以南京市为例 [D]. 中共江苏省委党校博士学位论文，2013.

才项目资金管理进行了创新研究；钟晴伟（2017）[①]对东莞市人才引进的资金补助政策进行了研究，通过总结政策特点，发现其存在的问题，为东莞人才引进政策提出参考建议。张丽霞（2014）[②]采用比较分析法，对各省市高层次人才资金资助政策进行比较。以人才工程资金政策为研究对象的文献相对较少，较多文献关注人才工程政策的研究，将人才工程资金研究作为人才工程整体研究的一个组成部分。因此，本书以人才工程资金为研究对象在一定程度上可以弥补理论研究的欠缺。

三、财政资金使用效益的文献综述

当前理论界对财政资金使用效益的研究主要集中到资金绩效评价体系的研究上。绩效管理和评价最早用于投资项目管理领域，后来在人力资源管理领域广泛运用。绩效的含义比效益、效率的含义更有广度，绩效包含了效益效率，还包括主体所做的贡献与质量。由于财政资金的有限性，合理有效地整合财政资金，完善资金支出管理、提高资金支出效益，是提高资金使用效益的重中之重。对各类财政专项资金的绩效管理就成为提高资金使用效益的主要抓手。对财政资金的绩效评价不但可以客观地评价资金使用效果和政府管理水平，而且是提高资金使用效益的关键。因此，本部分财政资金使用效益的文献综述主要是针对绩效评价体系的文献梳理。

---

① 钟晴伟. 经济社会双转型背景下东莞关于人才引进的资金补助政策分析 [J]. 科技资讯，2017（10）.
② 张丽霞. 我国地方政府关于高层次人才引进的资金补助政策分析 [J]. 科技管理研究，2014（4）.

（一）有关绩效评价类型的研究

许多西方学者对绩效评价的类型做了大量研究。Julnes 和 Holzer（2000）[1] 将绩效评价分为：项目影响和产出绩效评价；组织政策和过程绩效评价；成本、收益和结果绩效评价。Berman 和 Wang（2000）[2] 将绩效评价分为任务和结果两种不同的绩效评价。国内学者对绩效评价的研究可以概括为两类：一类是多指标评价，如周奇杰（2013）[3] 从财务维度、效益维度、效率维度和学习与成长维度设置了 20 个关键指标对"211"工程学校的专项资金进行绩效评价；另一类是"投入—产出"绩效评价，如王丽萍等（2008）[4]、胡景男（2011）[5]、周敏（2011）[6] 利用投入—产出法对高校及高等教育财政专项资金的使用效益进行评价，徐国联（2008）[7] 用投入—产出法对杭州市人才专项资金进行了分析。

（二）有关绩效评价指标设定的研究

有关绩效评价方面的文献研究成果非常丰硕，绩效评价指标种类繁多。概括起来可以分为两大类：一类是基于著名的"3E"标准体系建立的系列指标；另一类是基于战略管理的平衡

① Julnes Patria，D.L. and M. Holzer. Promoting the Utilizations of Performance Measures in Public Organizations，An Empirical Study of Factors Affecting Adoption and Implementation [J]. Public Administration Review，2000（6）.

② Berman，Evan and XiaoHu Wang. Performance Measurement in U.S. Countries Capacity for Reform [J]. Public Administration Review，2000（5）.

③ 周奇杰. 基于 BSC 的高校专项经费绩效评价研究 [D]. 南京师范大学博士学位论文，2013.

④ 王丽萍，郭岚，张勇. 高校新绩效预算管理的组合评价方法研究 [J]. 会计研究，2008（2）.

⑤ 胡景男. 北京地区高等教育财政支出绩效评价研究 [D]. 北京化工大学博士学位论文，2011.

⑥ 周敏. 高校资金使用效益绩效评价研究 [D]. 西南大学博士学位论文，2011.

⑦ 徐国联. 杭州市人才专项资金投入产出分析 [J]. 中国人力资源制度，2008（2）.

计分卡理论建立的指标。

3E 标准的含义是"经济性"（Economy）、"效率性"（Efficiency）、"效果性"（Effectiveness）。它是在 20 世纪 80 年代由英国的效率小组率先提出的。后来英国审计委员会将其运用于地方政府及国家健康服务的绩效管理中。大多数学者都是以 3E 标准确定绩效评价目标，并设定各类绩效指标。如 1985 年英国的《贾勒特报告》将绩效指标分为三类：内部指标、外部指标和运行指标。由英国校长协会、英国大学拨款委员会组成的联合工作小组对英国高校进行绩效评价时，其设定的绩效指标分为：输入类指标、过程类指标与输出类指标。美国田纳西州在资金使用效益评价方面建立了 10 项绩效指标。凯夫等（1991）提出了教学指标和科研两大类 14 个绩效指标。泰勒（1993）[①] 等从教学、科研和社会服务三个基本功能构建指标体系。 国内学者朱颐和、冯亚利（2007）[②] 对专项资金效益的评价进行探讨，认为绩效指标应包括：管理活动指标、资源占用及利用指标、社会和环境效益指标。王术华（2014）对全国湿地资源普查项目财政支出绩效评价时构建了绩效目标设置、资金到位、资金分配、资金使用管理、组织实施、计划完成、服务对象满意度 7 个共性指标和项目产出及效果两个个性指标。胡悦（2015）[③] 对高校财政资金使用绩效评价时从投入和产出两个角度设定指标，投入指标主要指财政资金，产出指标包括人才培养和科学研究。

① Tarlor，Barbara，E.，Megerson，J.W.and M.William Strategic Indicators for Higher Education：Improving Performance［J］. Peterson's Guides，1993（5）.

② 朱颐和，冯亚利. 专项资金效益审计评价指标体系的构建［J］. 财会通讯（综合版），2007（5）.

③ 胡悦. 高等学校财政资金使用绩效评价研究——以 985 工程高校为例 ［D］. 武汉科技大学博士学位论文，2015.

王利华（2014）[①]、张超豪等（2013）[②]、朱文雨（2013）[③]、吴刚（2012）[④] 等对高校科研资金使用绩效进行研究时，主要有资金使用、产出成果、经济效益、社会影响这几类指标。厉伟等（2017）[⑤] 构建了地方财政人才专项资金评估的指标体系，将评价指标分为"项目决策""项目管理""项目绩效"三个一级指标，对人才专项资金进行有效的评估。通过文献梳理可以看出现有研究主要将指标分为三类：一是反映资金投入情况的指标；二是反映资金使用情况的指标；三是反映资金使用结果的指标。由于资金投入的行业和具体项目的差异，因此在设定资金产出结果的指标时要根据不同项目的特点分类设置。

美国哈佛大学教授罗伯特·卡普兰等（Robert S. Kaplan）[⑥] 和波士顿咨询公司总裁戴维·诺顿（David P. Norton）在 1992 年正式提出平衡计分卡的概念。平衡计分法作为一种先进的战略管理工具被广泛地应用到企业、政府及高校的绩效评价中。它克服了传统财务指标的片面性和短期性，从多角度评价和衡量驱动企业战略成功的因素。蒋方华（2011）根据平衡计分法从顾客维度、财务维度、内部流程维度、学习与成长维度设计了 55 个二级指标对高校资金使用效益进行了评价。

---

① 王利华. 高等学校科研资金使用效益研究——以某高校为例 [D]. 内蒙古农业大学博士学位论文，2014（6）.
② 张超豪，闫青. 高校科研经费模糊综合绩效评价研究 [J]. 会计之友，2013（10）.
③ 朱文雨. 基于平衡计分卡的高校科研成果评价研究 [D]. 南京林业大学博士学位论文，2013.
④ 吴刚. 高校科研项目资助绩效评价及其对策研究——以浙江省的实践为研究案例 [D]. 吉林大学博士学位论文，2012.
⑤ 厉伟，修伟杰，张长旭. 地方财政人才专项资金绩效评估指标构建 [C]. "决策论坛——决策科学化与民主化学术研讨会"论文集（上），2017.
⑥ 罗伯特·卡普兰，戴维·诺顿著. 平衡计分卡：化战略为行动 [M]. 刘俊勇，孙薇译. 广东：广东经济出版社，2004.

（三） 绩效评价方法的研究

绩效评价方法是根据绩效评价的内容及指标性质确定的。当绩效指标无法定量赋值时，可以采用专家评分法（吴丹，2016）[①]、德尔菲法（潘姝等，2012）[②] 进行评价或比较。然后采用层次分析法（王利华，2014）、主成分分析法（周敏，2011）、熵值法（肖力，2013）等确定指标权重。如果绩效评价指标是可获数据的投入产出指标，则可以采用数据包络分析法（胡悦，2015）[③]；Abbott，2003）[④]。

德尔菲法和层次分析法的主观性较强，人为因素对评价结果的影响较大，很难对评审专家进行有效监管。DEA 法对指标的数量和可获性都有较高的要求，否则会影响评价的准确性。层次分析法是一种广泛应用的综合评价方法，是由美国著名运筹学家托马斯·塞蒂（T. L. Saaty）[⑤] 提出的一种把复杂问题进行排序简化的评价方法。通过层次分析法进行指标权重的计算，可以大大提高权重的可信度。

（四） 小结

在新公共管理理论的影响下，以政府为代表的公共部门的绩效评估在理论界获得空前的重视。在我国当前的国情下，人才工程资金的主要来源是国家财政资金的再分配。因此，人才

---

① 吴丹. 财政专项资金绩效评价研究——以 ZJ 市 JK 区财政专项资金绩效评价为例 [D]. 江苏大学博士学位论文，2016.
② 潘姝，徐晨. 公共财政视角下高等教育经费绩效评价研究 [J]. 财会通讯（综合），2012（8）.
③ 胡悦. 高等学校财政资金使用绩效评价研究——以 985 工程高校为例 [D]. 武汉科技大学博士学位论文，2015.
④ Abbott，M. and Doucouliages C. The Efficiency of Australian Universities: A Data Envelopment Analysis [J]. Economics of Education Review，2003（22）.
⑤ Saaty，T.L. The Analytic Hierarehy Process [M]. New York: McGraw Hill，1980.

工程资金属于财政资金使用效益的研究范畴，提高人才工程资金使用效益的方法就是要利用绩效评价进行目标管理、过程监管和结果衡量的全过程绩效管理。现有文献主要集中在对高校资金使用效益的研究中，另外还有几篇关于林业、卫生、地质调查项目资金使用效益的文献。关于人才工程资金使用效益的研究文献非常少，仅有胡倩楠（2016）、厉伟（2017）、沈素华（2018）① 三篇文献对人才工程资金的使用效益进行了研究。由此可见，理论界对人才资金使用效益的研究非常欠缺，本书的研究不但丰富了绩效评价理论，而且可以为政府有效管理人才工程资金提出可操作性建议。

---

① 沈素华. 人才政策资金绩效评估分析与研究——以芜湖市"5111"产业创新团队人才项目为例 [J]. 时代金融，2018（5）.

第三章
山东省人才工程资金的多维度分析

第一节　山东省人才工程政策分析

一、山东省人才工程梳理

山东省现辖 17 个地级市，以及 49 个市辖区，31 个县级市，60 个县。人才工程可以分为国家级、省级、市级、区县级。由于区县级各类人才工程较多，且涉及行业较广。本节仅梳理国家级、省级和市级的重点人才工程。

具体包括：国家级的"海外高层次人才引进计划"和"长江学者奖励计划"等；省级的"泰山学者工程""泰山产业领军人才"和"齐鲁系列"人才工程等；17 个地级市实行的一系列重点人才工程（见表 3-1）。这些人才工程既包括人才引进政策，也包括人才培养、激励政策；既涉及单个人才，也兼顾人才团队；既涵盖基础研究、原始创新研究和共性技术研究的创新型人才工程，也涉及适应区域重点产业需求的创业型人才工程；
形成了一套涉及自然科学领域、人文社会科学领域的领军人才、
杰出人才及专业技师等多领域、分层次、各年龄段的人才工程
体系。

表 3-1　山东省部分重点实施的国家、省及市级人才工程

级别、地区	重点人才工程
国家级	海外高层次人才引进计划
	长江学者奖励计划
	百千万人才工程国家级人选
	杰出/优秀青年科学基金
省级	泰山学者
	泰山产业领军人才
	齐鲁系列人才工程
	青年人才国际化培养计划
	金融高端人才国际化培养项目
济南市	5150 引才倍增计划
	泉城产业领军人才
青岛市	211 计划（16 项）
	2018 年新政：五大工程
	"百万人才集聚工程"
	"创新创业激励工程"
	"未来之星培养工程"
	"全民招才引智工程"
	"安居乐业保障工程"
淄博市	英才计划
枣庄市	英才集聚工程
	枣庄市有突出贡献的中青年专家
	枣庄市首席技师
	2018 年新政：柔性引才"百人计划"
	海外引才"海纳计划"

续表

级别、地区	重点人才工程
枣庄市	人才回流"桑梓计划"
	青年人才"圆梦计划"
东营市	黄河口文化之星
	百万博士进东营
	东营市首席技师
	名校英才进东营
	东营市高级技能人才
	医药卫生重点学科特色专科
	黄河口医学领军人才
	有突出贡献的中青年专家
	2018 年实施了系列引才育才计划
烟台市	双百计划
潍坊市	鸢都产业领军人才（团队）工程
	鸢都学者培养工程
	海内外柔性引智工程
	博士硕士集聚工程
	潍坊市首席技师
	潍坊市专业技术拔尖人才
	高层次创新、创业人才引进计划
	潍坊市农村实用人才
济宁市	海外人才引进 511 计划
	重点产业紧缺人才引进计划
	济宁市创新领军人才集聚计划
	高技能人才开发计划
泰安市	首席技师
	专业技术拔尖人才
威海市	人才项目产业工程
	产学研战略合作特聘专家
	蓝色产业领军人才团队支撑计划

级别、地区	重点人才工程
威海市	重点产业紧缺人才引进计划
	有突出贡献的中青年专家
	威海市首席技师
	威海市文化名家
	威海市乡村之星
日照市	日照市高层次专业技术创新、创业人才
	突出贡献的中青年专家
	日照首席技师
	日照市乡村之星
莱芜市	"5158"产业人才集聚工程
	嬴牟产业领军人才
	嬴牟文化英才工程
	莱芜市首席技师
	莱芜市乡村之星
临沂市	临沂市领军人才
	临沂市有突出贡献的中青年专家
	临沂市首席技师
	临沂市高技能人才
	临沂市卫生领军人才
	沂蒙乡村之星
德州市	现代产业首席专家
	德州卫生英才工程
	德州市首席专家建设工程
	首席技师
	乡村之星
聊城市	聊城市有突出贡献的中青年专家
	533高端人才引进计划
	聊城高新技术开发区3111人才工程
	水成名师

级别、地区	重点人才工程
聊城市	首席技师
	水成文化之星
	乡村之星
滨州市	海外高层次人才引进工程
	人才初始创业工程
	滨州市名师名医
	滨州市首席技师
	滨州市乡村之星
	滨州市有突出贡献的专业技术人员
	2017 开始渤海英才·海纳工程
菏泽市	菏泽市牡丹英才
	重点产业领军人才
	2018 年动能转换领军人才特殊支持计划

资料来源：人才山东网。

二、山东省人才工程政策存在的问题

尽管山东省的人才工程已经取得较好的成绩，为山东省经济发展和产业转型提供了人才支持，然而分析山东省人才工程的政策文件，仍然有很多问题需要引起重视，有许多内容有进一步改进的空间。

（一）山东省各级人才工程政策系统性、长期性缺失

山东省各级人才工程政策缺乏系统性、长期性，没有从整个战略高度来规划人才的供给。应该依据全国人才供给和流动的趋势，分析借鉴先进省市的人才政策，根据山东省及各市现阶段经济发展状况和未来经济发展方向制定人才工程政策。

1. 人才工程政策系统性缺失

首先，系统性缺失表现在国家级、省级及县市级人才工程政策之间缺少协调和配合。各级人才工程政策应形成一种系统性耦合，省级的人才工程中高端人才政策制定与实施应与国家级人才政策相配套，能够为本省引进和培养适合本省经济发展、产业升级的国家级人才工程提供保障措施，县市级人才工程作为人才引进和培养的基础性工程要为上级人才工程搭建平台载体和提供人才服务体系。

其次，系统性缺失表现为与各类人才工程相关的配套法规不健全，政策合力尚未形成。山东省针对国家级人才工程的配套措施较少，在充分挖掘高层次人才的潜力，提高国家级人才对山东经济增长的贡献方面较为欠缺。另外，省级及市级人才工程出台后，与之相关的系列政策基本没有，从而导致政策之间相互独立。南京市人才工程政策制定过程中很注重对现有政策的完善。例如，南京市针对科技创业人才的发展，先推出旨在引进领军型科技创业人才的、较为基础的"321"计划，为科技产业发展提供充足的人才资源；又出台"科技创业家培养计划"，使科技人才具有科学家和企业家的双重身份，并提供8条特殊的政策支持；为发挥团队"1+1>2"的优势，继而出台"321团队计划"的政策及实施细则，从而形成一整套完整的人才工程政策体系。因此，山东省应借鉴南京市的做法，完善人才工程政策体系。

再次，系统性缺失表现在省内各市之间人才工程政策的同质化。政策同质化导致山东省内各市之间人才争夺激烈，造成内耗和浪费，影响了各市人才工程政策实施的效果。例如，潍坊市的"高层次创新、创业人才引进扶植计划"和德州市"现代产业首席专家"这两个聚焦高端海内外人才和团队的工程在申报条件和资助力度和方式上极其相近，这种政策的重叠性，无法凸显地方引才工程的特色。其实山东省可以将经济发展水平相似、地缘相近的省内各市划分为一些区域，如黄河三角洲高效生态经济人才聚集区、省会城市群经济圈、西部经济隆起带高素质劳动力富集区等。这些区域可以实行联合的人才工程政策，发挥区域人才政策的吸引力，实现政策合力。

最后，系统性缺失表现为人才工程政策的结构性布局不合理。一是山东省各市人才工程的数量差距较大，一些人才工作走在前列的城市颁布的各类人才工程较多，如青岛、潍坊、济宁、威海等市，而菏泽等西部城市人才工程较少，从而反映出鲁西地区人才工作的滞后以及基层人才的缺乏；二是不同行业间的结构失衡，山东省这些人才工程主要针对山东省提质增效的重点产业及工程技术类创新、创业人才及团队，而针对现代服务业的专门的第三产业的人才工程较少；三是人才结构层次的失衡。相对来说，当前山东省的人才工程主要针对国内外高端人才（团队）及产业领军人才（团队）的引进和培养，即较多的是引才、用才和留才的政策，缺少育才政策。其实省内这部分人才和团队才是真正需要资金和政策支持，未来有成为优秀人才（团队）潜力的对象。所以人才工程应该加大对这部分人（团队）的政策倾斜。

2. 人才工程政策长期性缺失

人才的规划应该确定一个长远的、广阔的战略计划，各个行业的人才需求和供给情况不同，引进和培养方式不同，人才结构层次也不相同。政府制定人才工程政策时要考虑到各个层次人才的培养周期、需求大小。如山东省的人才工程实施期限多为 5~10 年，没有像国家级人才工程中的短期项目和长期项目的区分。因此，山东省在政策制定过程中既要考虑当前经济社会和山东省经济发展对人才的需求现状，也要考虑到未来人才工程建设的长远规划。全面制定出长期有效的人才工程政策，真正将人才队伍的建设作为一个长期的、系统的战略任务。

（二）山东省各级人才工程政策部分内容缺失

1. 人才待遇的内容缺失

从现有山东省各级人才工程中涉及人才待遇的内容看，这些政策主要从资助经费、培训、配套支持、金融投资、医疗、子女教育、人才落户、住房等方面为人才（团队）提供研究和创业的条件，解决人才一部分后顾之忧。许多关于人才待遇的政策缺少细节措施，内容不够全面。

对于引进的高端人才，例如院士或者高技术技能大师，只承诺了高收入、高待遇，但没有考虑这些人才的交通出行、工作生活习惯适应、继续学习、永久性住房等问题，对其工作造成一定的不利影响；对于青年人才，也只是提供临时的住所，或给予一定的住房补贴，较少涉及永久性住房购买优惠政策措施等政策。目前，我国房价处于普遍偏高的状态，购房成了青年工作者的一个巨大压力。这些沉重的生活压力也制约了青年人才的引进和使用。

在医疗待遇方面，相关政策仅提出每年为人才提供一次免费体检的机会。但对于体检的医疗机构的等级，体检的内容均未有详细的配套政策。关于人才培训的政策也只是提到会给相应人才进行培训和交流的机会。但培训和交流的方式、时间长短以及内容等都未详细说明。由于政策措施较笼统，导致执行中很多人才待遇无法落实，最后成为一纸空文。

2. 人才认定的内容缺失

许多人才工程在人才层次的认定上出现政策模糊不清、可操作性不强的问题。如泰山学者攀登计划中，对人才的认定标准中提到：在科研方面取得国内外同行公认的重要成就，具有冲击世界科技前沿的能力。"国内外同行公认的重要成就"这一说法就很难把握，不同的人对于"重要成就"的判定是存在差异的。另外，"冲击世界科技前沿的能力"也很难分析和评价。

多数政策对人才认定没有统一标准，也未形成制度化评定程序。实际评审过程中，许多评审专家都是临时组建的，对人才工程的政策不甚了解。评价的指标也不够明确，流程不固定，评价标准难以量化。评选者往往可以根据自己的喜好进行人员层次的评定，而被评选者也不能根据自己的情况计算自己是否能够真正达到人才工程中的要求。这对于山东省优秀人才的引进、选拔都是非常不利的。

3. 人才工程管理评估的内容缺失

评估环节是对人才工程实施效果的客观评价，也是人才工程政策的重要组成部分。科学、高效的评估政策可以提高人才工程资金的使用效益，充分发掘人才（团队）的潜能，更大限度地为本省经济发展做出突出贡献，使人才为山东省新旧动能转换提供智力支持。然而在对人才进行评估时，一些政策的评价指标过于单一，没有区分不同行业、不同学科人才评价的差异性。如泰山学者特聘专家计划中，人才评价分为三个等级"优秀""合格""不合格"。在人才等级的评定中主要以获奖、主持国家重大项目或者入选国家人才工程，以及发表高水平论文及创建国家级创新平台等方面进行评价。然而不同学科及行业对人才的要求不同，人才发展的不同阶段也应有不同的评价指标和评价标准，不可"一刀切"。对基础研究人才以同行学术评价为主，对应用研究和技术开发人才突出市场评价，对科技成果转化人才注重转化效益评价，对哲学社会科学人才强调社会评价，人才工程政策的管理评价内容应提高人才评价的针对性、科学性。

4. 特殊人才政策内容缺失

山东省的人才工程大多针对 55 周岁以下人才，个别政策年龄可以放宽到 60 周岁，没有针对年龄较大的退休人才的特殊人才政策。事实上，随着人们生活水平的提高以及人类寿命的延长。许多退休人才身体健康，精力充沛，科研实力雄厚，经验丰富，正处于科研攻关的大好时光，完全可以继续发挥余热。若人才工程将这类特殊人才纳入人才工程体系，让这些科研工作者继续在高校、科研院所主持一些重要的科研攻关项目，在企业做技术顾问，或者做技术人才培养导师，这不但可以提高企业的科研实力，还可以为企业节省大量邀请技术专家的费用，还能储备和培养大量人才。

(三) 人才工程政策缺乏激励性

山东省人才工程中关于人才激励的内容目前还不够完善，比如说人才激励方式方法不能与时俱进，激励制度单一、奖励对象单一、奖励方式单一、激励力度不够，严重影响了人才（团队）的积极性和创造力，不利于人才队伍的建设。

1. 激励方式单一、缺乏精神激励制度

综观山东省各级人才工程的资助方式，对于人才多是以人才津贴、科研补助等奖金形式发放；对于人才团队，除了生活补助外，还有科技成果入股、创业资金、创业场地、金融投资、利息补贴等形式。总体来看，激励方式以经济激励为主，缺少精神激励。即物质奖励为主，人文关怀较少，人才工程政策缺少温度。比如，仅泰安市的专业技术拔尖人才工程中涉及人才可获得免费乘坐公交车和泰山游览证这种待遇。山东省的其他城市的人才工程基本未涉及交通、旅游等奖励内容。这些人才工程对于人才非常关心的职位晋升、荣誉称号等非经济激励措施涉及较少。

只注重物质激励能够在短期内给人才带来满足感，但从长期来看，这种方式并不能长久留住人才，因为人特别是高端的人才或团队除了物质需求，更注重精神层面的需求，被认可、委以重任才是人才最大的成就。建立公平的酬薪体系，建全绩效考核机制，通过竞争与激励使人才脱颖而出。同时，通过一句关心的问候、一项关爱的措施、一个关注的细节、一次关怀的行动等情感激励措施关怀人才，使人才获得极强的工作成就感、尊重感、公平感。这样才能留住人才，用好人才。

2. 缺乏惩罚式激励制度

山东省各级人才工程对于管理评估，大体包括三个部分：年度评估、中期评估和期满验收。对于期满验收不合格的，停止资金支持，严重者收回资金，取消人才工程资格等。然而山东省有相当一部分人才工程政策中对于管理评估不合格的人才和团队没有任何惩罚的制度。惩罚式激励措施的缺失无法对人才形成有效的制约和激励，造成大量的人才资金投入无法取得预期的效果。

（四）人才工程政策执行分割化、部门化

山东省各类人才工程分属于不同的部门申报和管理，以省级人才工程为例，省委组织部、省科技厅、省教育厅、省财政厅、省人力资源社会保障厅等22个部门分管不同的人才工程的

申报、组织评价和监督管理，这些部门在人才引进和培养中职能交叉较多。尽管山东省人才工作领导小组负责组织和协调各个部门，但实践中却出现人才工作分割化、部门化等问题，使人才工程政策无法落地。更重要的是，这些行政管理部门在人才工程中起到主导性作用，而真正的用人主体高校、企业、科研院所、产业园区等单位无法发挥自主权，不能真正实现用人单位和人才的对接，市场化程度较低。

（五）人才工程宣传力度不足

俗话说"栽好梧桐树，引得金凤凰"。山东省应下大力气努力打造精品人才工程，加强人才服务体系建设。然而在当今全球和各省市人才激烈的争夺战中，除了做好上述工作外，加强人才工程的宣传也尤为重要。

当前山东省的三大引才品牌为"齐鲁之约""中国山东海内外高端人才交流会"以及"山东名校人才直通车"。这些引才品牌主要采用传统媒体的宣传方式，互联网、公众号等新媒体宣传方式有待进一步开发。

随着互联网、大数据技术的发展，人才工作的专业网站在人才工程宣传中起到越来越重要的作用。通过信息化的建设可以节约人才宣传的成本，扩大人才宣传的效果。然而山东省在人才网站的建设方面还是有所欠缺的。"人才山东"是山东省最具权威的人才门户网站，为国际国内高层次人才和用人单位提供人才政策、通知公告、人才工程、办事指南、人才资讯、热点新闻等内容。另外关于山东人才政策的网站如"山东海外人才信息网"以及"人力资源与社会保障厅"的网站内容不全、信息更新不及时等问题非常突出。与江苏省相比，山东省无论在网站的数量还是在内容上都有较大差距。

从市级的人才网站看，仅少数几个城市如青岛市、济南市、德州市、威海市、潍坊市的官方人才门户网站建设较好，但这些网站的宣传力度较小，仅作为政策发布、人才工程申报的平台，并不能够真正成为人才和用人单位的桥梁。

（六）人才政策开放度不高

人才政策的开放度包括两层含义：一是扩大开放，广纳英才。树立全球视野和战略眼光，坚持开放包容，充分开发利用国内国际人才资源，主动参与国际人才竞争。二是建立更加开放、更加灵活的人才培养、吸引和使用机制，不唯地域引进人才，不求所有开发人才，不拘一格用好人才，确保人才引得进、留得住、流得动、用得好。

山东省人才工程虽然也瞄准海外英才，但相应地符合国际规则的人才制度体系尚未建立，应该加快建设海外高层次人才信息库，有计划地去海外发达国家举办省级人才招聘对接活动。同时，要进行一系列人才政策的改革，如放宽并逐步取消海外人才来山东省工作许可的年龄限制等，为人才流动扫除障碍。

第二节　山东省人才工程资金现状分析

一、山东省省级人才工程的架构及资金管理体系

（一）山东省省级人才工程架构

山东省人才工作领导小组负责全省人才工程全面领导、协

调和监督。其成员单位包括省委组织部、省委宣传部、省委统战部、省编办、科协、省发展改革委、省经济和信息化委、省教育厅、省科技厅、省公安厅、省民政厅、省财政厅、省人力资源社会保障厅、省农业厅、省商务厅、省文化厅、省卫生计生委、省外办、省国资委、省统计局、省侨办、省金融办共22个部门和机构。

省委组织部主要职责：牵头抓好"泰山学者"等重点人才工程组织实施；负责高层次人才库建设，完善联席专家制度；负责领导小组办公室日常工作。

省委宣传部的主要职责：履行省人才工作宣传小组职责，负责全省宣传文化人才队伍建设，负责组织实施"齐鲁文化英才"评选工作。

省财政厅的主要职责：统筹安排、重点保障，按照预算管理和国库资金管理有关规定，及时下达拨付人才资金。

其他各政府职能部门的主要职责：负责人才工程中不同项目的申报、资格审查、年度评估、中期评估和期满验收工作，主管部门还要负责对人才资金使用情况进行重点检查，并向省委组织部报告。具体项目申报的主管部门如表3-2所示。

表3-2　具体项目主管部门

人才工程	具体项目	主管部门
泰山学者	泰山学者攀登计划	省人力资源和社会保障厅
	泰山学者青年专家计划 泰山学者特聘专家计划	省教育厅（高校和社科领域）
		省科技厅（科研院所）
		省卫生计生委（医疗机构）
	泰山学者优势特色学科	省教育厅

续表

人才工程	具体项目	主管部门
泰山产业领军人才工程	高效生态农业创新类	省科技厅农村科技处
	传统产业创新类	省经济和信息化委科技处
	战略性新兴产业创新类	省科技厅科技人才工作处
	现代服务业及社会民生产业创新类	省发改委服务业协调处
	产业技能类、科技创业类	省人力资源社会保障厅人才开发处
	蓝色产业人才计划	省发改委
齐鲁系列人才工程		省人力资源与社会保障厅

（二）山东省省级人才工程资金管理体系

从 2015 年开始，山东省对省级重点人才工程资金，实行当年申报评审、次年安排预算并拨付下达的方式。省直主管部门依据年度部门预算编制要求，在对年度人才遴选和绩效评价等情况进行分析的基础上，测算下年度原有人才和新增人才的资金预算需求，通过省人才公共信息服务平台"人才资金管理系统"向省财政厅报送人才资金预算和整体绩效目标，并同时报省委组织部备案。省财政厅统筹安排，重点保障，并按程序将预算情况及时告知省委组织部及相关部门。年度执行中，相关部门依据年初预算向省财政厅提报资金申请，省财政厅按照预算管理和国库资金管理有关规定，及时下达和拨付资金。用人单位要对人才资金单独建账核算，按照相关协议规定资金由人才工程负责人支配，并规范人才资金使用签字制度，充分保障人才对资金使用的决断权和知情权。

二、山东省省级人才工程资金的投入分析

（一）山东省人才工程资金来源结构分析

按照资金来源可以将人才工程资金分为政府财政资金和市场资金。市场资金包括企业资金、金融市场资金及社会闲散资金等。目前，山东省人才工程主要来自省及市县的地方财政资金，包括不同部门的财政专项资金拨款。如文化领域的人才工程从宣传文化发展专项资金中拨款，农业类人才工程从省农业科技发展资金中给予项目支持。以山东省泰山系列人才工程中从事基础研究、原始创新和共性技术研究的创新型科技人才工程为例，其子工程的资金来源构成如表3-3所示。

表3-3　泰山系列人才工程资金来源

子工程	财政资金	企业配套资金
泰山学者	350万元/人	350万元/人
泰山学者特聘专家计划	300万元/人	200万元/人
泰山学者青年专家计划	100万元/人	50万~25万元/人
泰山学者优势特色学科计划	3000万元/团队	0

资料来源：山东省泰山系列人才工程政策文件整理。

由此可以看出，山东省从事基础性研究的创新性科技人才工程资金以地方政府财政资金为主。虽然人才工程政策要求用人单位给予配套资金保障，然而许多人才所在企业是医院、高校、科研院所等事业单位，这些单位的自有资金主要来自财政拨款。即使有一部分非事业单位的自筹资金，但这部分企业的资金投入相对于财政投入微不足道。而该系列人才工程从金融市场及社会上筹集的资金几乎没有。

再考察山东省泰山系列中的产业创业类人才工程，通过对相关文件的梳理，可以发现，除了规定政府财政要提供人才补助金及项目启动经费外，政策要求用人单位给予等额的配套资金，以及鼓励国内外各种金融投资。然而通过调研，笔者发现，在人才工程的实际实施过程中，由于金融配套服务的滞后以及部门之间协调成本较高，从金融市场融资的效果并不理想，政府的财政资金仍然作为支柱性资金。

（二）山东省人才工程资金地方财政投入规模分析

由于无法获取各类渠道人才工程资金的准确数据，而政府财政投入又是当前山东省人才工程资金来源的主渠道，因此本部分以财政资金投入为例，进行人才工程资金投入的横纵向比较。

1. 人才工程资金财政投入的增长分析

由于山东省人才统计工作中尚未包括人才工程资金的统计数据，因此笔者无法直接获取人才工程财政资金投入的数据。从山东省财政专项资金目录中可知，2017 年起山东省才设立人才建设专项资金。近三年来资金投入分别为 6.2101 亿元、11.1157 亿元和 12.0513 亿元。人才建设专项资金主要用于山东省三大重点人才计划项目的建设。从近三年的数据可以看出，山东省在人才工程资金的投入上是逐年增加的，但由于数据较少，且该数据仅包括部分人才工程资金投入，不足以反映人才工程财政投入的增长趋势。因此，用人力资本额（教育支出加上医疗卫生支出）作为人才工程财政支出中人才引进及培养的替代指标来反映山东省人才工程资金财政支出的变化。从图 3-1 中可以看出，2013~2017 年，山东省人力资本支出额逐年稳步上涨，但增速较慢。从人力资本支出占一般财政预算支出的比重看，基本保持在 28% 以上，除 2017 年有小幅下降外，其余年份占比都是上升的。说明山东省对人力资本投资比较重视，人才工程资金的相对投入规模在扩大。

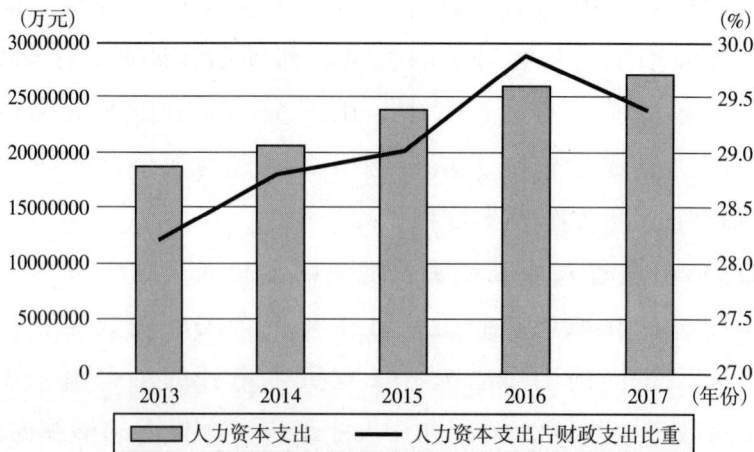

图 3-1 2013~2017 年山东省人力资本支出额及占比
资料来源：《山东省统计年鉴》。

从经济增长速度看，山东省 GDP 的增速较 2013 年之前有所放缓，但是仍保持在 6% 的水平之上。而纵观山东省人力资本支出的增长速度，在 2015 年以后持续下降，在 2017 年甚至低于 GDP 的增长速度（见图 3-2）。这反映出山东省人才工程资金增长的速度与经济发展对人才需求速度的矛盾比较突出。

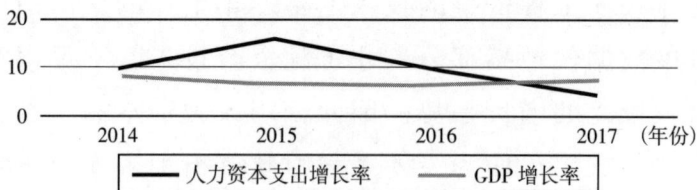

图 3-2 2014~2017 年人力资本支出及 GDP 的增长率
资料来源：《山东省统计年鉴》。

2. 人才工程资金财政投入的横向比较

根据山东省财政厅年度预算执行情况的报告，省一般公共预算中的科学技术支出主要包括：支持应用技术研发的国家自主创新示范区等创新平台的建设以及各个重点人才工程。财政预算中的科学技术支出中包括人才工程投入资金，因此用该指标作为山东省人才工程政府资金投入中用于人才工程及平台建设的代理变量。选择全国经济排名前五的省份进行横向比较，山东省经济发展水平居全国第三位，而科技支出额及占一般财政支出的比重在五省中仅排名第四位（见表3-4）。与经济发达的广东省和江苏省比较，广东省的 GDP 是山东省的 1.2 倍，但科技支出额是山东省的 4.2 倍。江苏省的科技支出占一般财政支出的比重在 4% 以上，而山东省仅为 2.1%。早在《江苏省中长期人才发展规划纲要（2010~2020 年）》中就明确提出：省、市、县三级人才发展专项资金要高于本级财政一般预算收入的 3%，由此可以看出山东省财政资金对人才工程的投入数量较少，与其经济强省的地位不匹配。

表 3-4　2017 年主要省份相关指标及排名

省份	GDP（亿元）	排名	科技支出（万元）	排名	科技支出占财政支出的比重（%）	排名
广东省	89705.2	1	823.89	1	5.47891003	1
江苏省	85869.8	2	428.01	2	4.029835148	3
山东省	72634.2	3	195.77	4	2.114512227	4
浙江省	51768.3	4	303.5	3	4.030373211	2
河南省	44552.8	5	137.94	5	1.679017275	5

资料来源：《中国统计年鉴》。

表 3-5　山东省内各城市科技支出

单位：万元，%

城市	GDP	排名	科技支出	排名	科技支出占财政支出比重	占比排名
青岛市	11024.11	1	385919	1	2.750620588	5
烟台市	7343.53	2	243319	2	3.436390154	2
济南市	7151.63	3	128982	5	1.546435508	10
潍坊市	5854.93	4	197004	3	2.903971447	4
淄博市	4771.36	5	97567	6	2.187474357	7
济宁市	4636.77	6	72089	8	1.265569672	12
临沂市	4330.11	7	45710	11	0.775256249	15
东营市	3814.35	8	64341	9	2.317158374	6
泰安市	3578.39	9	39567	13	1.111569969	13
威海市	3512.91	10	150309	4	4.18035119	1
德州市	3141.66	11	51520	10	1.429037023	11
聊城市	3013.55	12	18100	16	0.475473076	16
菏泽市	2825.81	13	22065	14	0.432427115	17
滨州市	2601.14	14	96054	7	2.908272867	3
枣庄市	2303.67	15	21150	15	0.862261212	14
日照市	2008.88	16	41375	12	1.781378854	8
莱芜市	894.97	17	15081	17	1.698924949	9

资料来源：《中国统计年鉴》。

从山东省 17 个城市的科技支出数据看（见表 3-5），各城市一般财政预算支出中科技支出额差距较大，各城市的经济发展水平差异带来的财政收入差异可以部分解释科技支出的差异。而用科技支出占一般财政预算支出的比重这一指标进行分析可以剔除上述差异，17 个城市占比指标差异较大（见图 3-3），最高的达到 3.4%，最低的仅为 0.4%，说明山东省各城市政府对人才工程的支持力度差异较大。另外，表 3-4 数据反映出一个问题：经济发展水平较高的几个城市其科技支出占财政支出比重的排名却较低。如 GDP 排名第一的青岛市占比排名第 5，GDP 排名第 3 的济南市占比排名为第 10。这一问题说明山东省内一些经济强市，财政资金投入量尚未达到最优水平，人才资金投入的增长空间较大。

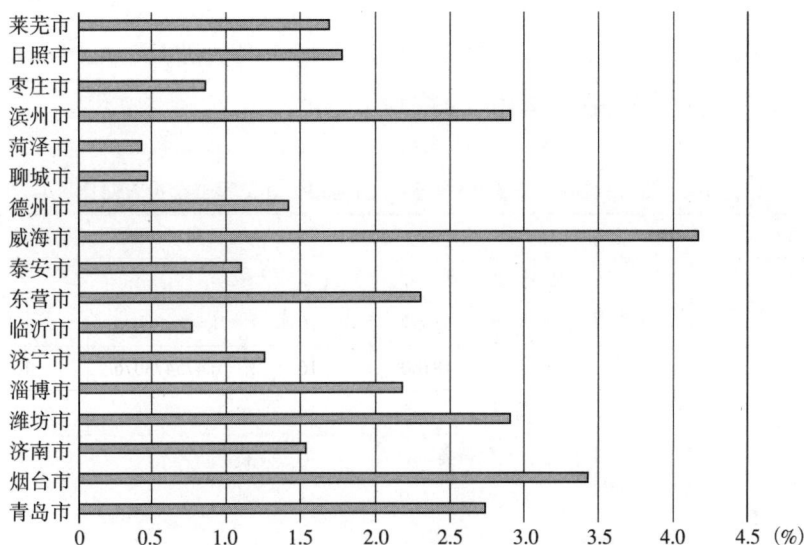

图 3-3　17 市科技支出占财政支出的比重

资料来源：《山东省统计年鉴》。

（三）山东省人才工程资金投入的结构分析

1. 基础研究和应用研究的比例

以山东省委、省政府实施的重大人才工程泰山系列人才工程为例。泰山学者工程以全省高等学校、科研院所、医疗机构为依托，面向海内外遴选高层次创新人才，带动建设高水平科研创新团队，打造国家级科技创新平台和优势学科为目标。根据该工程的定位，泰山学者代表了基础研究领域的人才引进和培养；而泰山产业领军人才工程以各类企业、园区、产业基地等为依托，面向海内外引进培养"高精尖缺"产业领军人才，集聚形成产业人才团队，主要面向山东产业人才规模的扩大，因此泰山产业领军人才工程代表了应用研究领域人才的引进和培养。表3-6为2015~2017年泰山系列人才工程的各类人才数量及资金投入总额，通过对比可以看出，应用研究领域人才投入资金是基础研究领域人才投入资金的1.25倍。表明山东省关注产业人才规模的扩大，希望通过产业人才结构的优化引领产业转型升级，实现新旧动能的快速转换。

表3-6 2015~2017年泰山学者和泰山领军人才工程资金投入对比

类别		数量（人/团队）	资金总额（万元）
泰山学者	攀登计划	46	189850
	特聘专家	219	
	青年专家	87	
	特色产业学科	19	
产业领军人才	高效生态农业创新类	45	236500
	传统产业创新类	97	
	战略性新兴产业创新类	101	
	现代服务业及社会民生产业创新类	71	
	蓝色产业	9	
	科技创业类	183	
	产业技能类	24	

资料来源：根据泰山系列工程人员名单整理。

人才工程的主要申报单位为高校、企业和科研院所。仍以泰山系列人才工程为例，按照投入对象看，人才资金主要流入到企业（包括各种工业园），其次是高校，最后是科研院所（见表3-7）。从资金流向的结构分析，企业中创新型人才比例较低，大部分是创业型人才；而高校和研究院中创业型人才较少，较多的是创新型人才。由此可以看出，山东省的人才工程并没有很好地发挥产学研协同培养拔尖人才的模式；研究机构和企业之间高效的联系和沟通机制尚未形成，创新型人才成果的转化率不高，导致人才工程的实施效果大打折扣。

表3–7 2015~2017年泰山系列人才工程资金投入对象的比较

单位：人、万元

类别	高校	研究所	企业
攀登计划	26	11	9
特聘专家	110	88	5
青年专家	57	14	16
特色产业学科	19		
产业领军人才	2	6	522
人数总计	214	119	552
资金投入	98910	28520	194250

资料来源：根据泰山系列工程人员名单整理。

2. 人才引进和人才培养的比例

人才培养是通过对人力资本的投资提高人才水平，培养人才的过程需要大量资源的投入；而人才引进相当于免费获得其他培养单位的人力资本。因此，人才培养的成本高于人才引进的成本。此外，人力资本的"产权特性"决定了人力资本由人才占有，一旦人才流失对培养单位造成的损失也大于引才单位的损失。

人才引进、培养是获取高端人才的两种主要方式。这两种人才获得方式具有各自鲜明的特点，根据成本收益分析可知，引进人才的成本低，且见效快，高端人才培养则耗时耗力，需要漫长的过程。但在当前各省、市人才争夺，特别是国际高端人才争夺竞争日趋激烈的背景下，单靠人才引进无法满足山东经济社会发展对高层次人才的需求。并且引进的人才也经常出现无法适应当地生活，无法融入用人单位及团队的一系列问题，影响人才潜能的发挥。所以，人才工程既要重视人才的引进又要重视人才的培养。从表3-8可以看出，从泰山系列人才工程中统计到的人才信息中可以看到，泰山工程中人才引进和培养的数量基本持平。表明山东省对两种人才引进方式都比较重视。

表3-8　泰山系列人才工程引进人才和培养人才的比例

类别		数量（人/团队）	引进（人）	培养（人）
泰山学者	攀登计划	46	5	41
	特聘专家	163 （56人没查到资料）	97	66
	青年专家	73 （14人没查到资料）	33	40
	特色产业学科	19	19	0
产业领军人才		383 （137人没查到资料）	184	199
总计		684	338	346

资料来源：根据泰山系列工程人员名单整理。

但是，从对山东省各类人才工程政策的梳理中，笔者发现，在各类人才工程中，山东省对在岗人员的再培训投入的资金非常有限，且培训效果也不太理想。仅在少数人才工程中提到每年为人才提供一次培训的机会。其实对单位已有人员的再培训是获取高端人才的最行之有效的方式，一方面，在岗人员已经具备一定的知识和经验，通过再学习可以提高能力，达到高端人才的标准；另一方面，这些人对单位环境非常熟悉，能够迅速融入团队发挥更大的作用。因此，山东省人才工程应加大对在岗人员的培训和深造的资金投入。

3. 个人和团队的比例

根据泰山系列人才工程资助政策的解读，泰山学者人才工程中的攀登计划、特聘专家计划及青年专家计划主要是针对个人资助，而特色学科计划是针对团队的资金支持。从资金投入量看，对个人的资金投入额约为 132850 万元，对团队的资金投入为 57000 万元。即泰山学者系列工程更加侧重于对个人的资金支持。

泰山领军人才工程其目标是培养产业人才、集聚产业团队，因此对团队的投入资金相对多于个人的投入资金。以泰山产业领军人才传统产业创新类为例，资助资金 300 万元，其中 100 万元用于团队建设，100 万元用于人才补助，100 万元奖励人才和团队，另外还给团队 200 万元的项目补助资金。因此，从资金的用途可以看出对团队支持力度较大。

综合整个泰山系列工程的资金投入比例，个人与团队的资金投入分别为 132850 万元，对团队的资金投入为 293500 万元。对团队引进和培养的资金投入是对个人资金投入的 2.2 倍。所以，山东省人才工程更加注重团队的建设和引进。因为好的团队和平台更有利于人才发挥个人的潜力，实现"1+1>2"的效应。

4. 不同行业的比例

从山东省人才工程资金在各行业的投入分布看（见表 3-9），战略性新兴产业的人才资金投入量最多，其次是传统产业、现代服务业及农业。战略性新兴产业中的具体行业看，山东省依托海洋优势，大力发展蓝色产业，因此蓝色产业人才资金投入量较高，其次是生物产业、信息技术、节能环保及高端制造业。从人才资金投入的产业分布看，基本上符合山东新旧动能转换方案中确立的重点发展的十强产业。但在文化创意、精品旅游、现代金融服务这三类服务行业的人才资金投入相对较少，这也为未来山东省人才工程投入指明了方向。

表3-9　泰山产业领军人才工程资金行业分布

产业	数量（人/团队）	金额（万元）
高效生态农业	37	11100
传统产业	97	38800
新兴产业	225	108900
新一代信息技术	48	19200
高端装备制造业	34	13600
新材料产业	34	13600
生物产业	52	20800
新能源产业、节能环保产业	38	15200
数字创意产业	10	4000
蓝色产业	9	22500
现代服务业及社会民生产业	71	28400

资料来源：根据泰山系列工程人员名单整理。

5. 人才年龄和职称的比例

山东省人才工程的专家年龄主要集中在 50~70 岁，这一年龄段人才占比较大，达到50%以上，而青年人才相对较少，除了青年专家计划、青年人才国际化培养计划这种专门针对中青年人才的工程外，其他人才工程资金较多用在年龄较大和职称较高的人才引进和资助上，对有发展潜力的中青年人才引进和培养的资金投入规模较小。这种人才年龄结构是不利于山东省人才工作的长远发展的，应该形成包含老、中、青各年龄段的人才梯队结构。

三、山东省人才工程资金的产出分析

(一) 山东省人才工程取得的成效

1. 山东省重点人才数量

截至 2018 年，在鲁两院院士 48 人，国家百千万人才工程人选 176 人，享受国务院政府特殊津贴专家 3260 人。泰山学者 1243 人，泰山产业领军人才 529 人，齐鲁文化名家 40 人，齐鲁文化英才 144 人。省有突出贡献的中青年专家 1416 人，齐鲁首席技师 1509 人，高技能人才 304 万人。

2. 平台载体数量

山东省有普通高校 143 家，普通本科 67 家。中等职业学校 452 家，国家级重点中等职业学校 170 家。技工院校 203 家，技师学院 35 家，高级技工学校 39 家。中央驻鲁科研院所 5 家，省属科研院所 104 家。国家级高新区 10 个（济南、青岛、淄博、潍坊、威海、烟台、济宁、临沂、泰安、枣庄）。国家重点实验室 3 个，企业国家重点实验室 10 个，省重点实验室 129 个，企业省重点实验室 86 个。国家级工程技术研究中心 36 个，省级工程技术研究中心 1081 个，省级示范工程技术研究中心 130 个。国家工程实验室（工程研究中心）13 个，国家地方联合工程实验室（工程研究中心）35 个，省级工程实验室（工程研究中心）216 个。国家认定企业技术中心 181 个，居全国第一位，省级企业技术中心 1226 个。国家一级重点学科 5 个，国家二级重点学科 42 个，"十二五"省级重点学科 359 个。一级学科博士点 131 个，一级学科硕士点 467 个。高新技术产业化基地 11 个，国家火炬计划特色产业基地 53 个，高新技术企业

3410 家。国家级创新型（试点）企业 45 家，居全国第一位（与浙江并列），省级创新型（试点）企业 549 家。院士工作站 547 个，进站院士 334 人。博士后科研流动站 132 个，博士后科研工作站 322 个，在站博士后研究人员 2376 人，省博士后创新实践基地 157 个。国家级高技能人才培训基地 29 个，国家级技能大师工作室 34 个，省技师工作站 60 个。

3. 科技成果数量

2018 年，山东省科技成果丰硕。发明专利申请量 7.6 万件，发明专利授权量 2.0 万件；PCT 国际专利申请量 1751 件，比上年增长 3.0%。每万人口发明专利拥有量 8.78 件，比上年增加 1.21 件。获国家科技奖 24 项，较 2017 年增加了 6 项，获奖数量占全国总数的比例由 2017 年度的 7% 提高到 10.2%。这些成果说明随着人才工程的不断实施和推进，政策红利开始释放，山东省科技创新实力和竞争力将呈现跃升态势。

（二）山东省人才工程的经济效益

随着山东省人才工程的实施，山东省人才引进和培养工作取得了丰硕的成果。这些高端人才在山东省经济社会的各个行业和岗位上发挥了重要的作用，为山东省经济的发展和转型提供了重要的智力保障和创新驱动，引领着山东省经济高速增长。以泰山产业领军人才工程为例，仅前两批人选研发成果直接转化项目就达到 1354 项，研发成果转化合同交易额达到 118.9 亿元，创业类人才创办企业累计销售收入 70 亿元。泰山系列人才工程已成为具有全国影响力的人才工作品牌。

1. 山东省人才工程经济效益的纵向分析

人才工程的建设带动山东省高端人才要素规模的不断扩大，也必然导致山东省高新技术产业的繁荣发展以及创新能力的不断提升。因此，本部分用山东省高新技术制造业产值反映山东省人才工程取得的经济效益。从表3-10可以看出，山东省高新技术制造业产值逐年递增，占山东省工业总产值的比重不断上升。表明山东省人才工程建设取得的经济效益效果显著，对产业牵引力带动效果明显，为山东省高新产业的技术创新提供了智力支持。

表3-10　2013~2016年高新技术制造业产业产值（主营业务收入）规模以上工业企业

单位：百万元、%

年份	2013	2014	2015	2016
高新技术产业产值	8946.5	10212.1	11535.3	12263.5
工业总产值	129906.01	141415.02	145964.20	150705.13
占比	6.89	7.22	7.9	8.14

资料来源：《山东省统计年鉴》。

2. 山东省人才工程经济效益的横向比较

尽管山东省人才工程取得了显著的经济效益，然而与其他经济强省相比，山东省取得的成绩并不突出。从表3-11中可以看到，经济总量排名第三位的山东省，其新产品的销售收入仅为广东省的52%，江苏省的63%，甚至落后于经济排名第四位

表3-11　2017年规模以上工业企业新产品销售收入

单位：百万元

省份	GDP（亿元）	排名	新产品销售收入（万元）	排名
广东省	89705.2	1	348630305	1
江苏省	85869.8	2	285790192	2
山东省	72634.2	3	181263978	4
浙江省	51768.3	4	211501500	3
河南省	44552.8	5	70958863	5

资料来源：《中国统计年鉴》。

的浙江省。这在一定程度上说明山东省的技术开发能力以及成果转化能力有待提高，也从侧面反映出与国内其他先进省份相比，人才投入的经济产出有待进一步提升。

第四章
山东省人才工程资金存在的问题

一国综合国力的竞争归根结底是人才的竞争，因此"人才强国"已经上升为我国的重要发展战略。全面实施人才工程建设是实现人才强国战略的重要途径。在山东新旧动能转换的关键时期，"人才工程"更要主动承担服务新旧动能转换"十强"产业，建设齐鲁人才"蓄水池"，储备产业转型升级原动力的重要职责。为山东省经济高质量发展和新旧动能转换源源不断地输送大量后备人才。

山东省政府通过人才工程资金政策来发挥财政资金对经济发展的引导性作用，助力山东省人才队伍建设。因此，对政策进行有效性分析，查找并发现政策实施过程中存在和暴露的典型问题，对山东省现行人才工程资金存在的问题进行探讨，是人才工程实现上述目标的基本保障。

第一节　资金投入数量不足，来源结构单一

一、山东省人才工程资金投入总量不足且单个项目无差异化区分

在山东新旧动能转换的重要阶段，山东经济要实现由大变强的战略性转变，就要创新发展、持续发展和领先发展。经济的转型和高速发展对人才工作的"质"和"量"提出了更高的要求。第三章通过对山东省财政资金投入的纵向分析，可以看出山东省财政资金在人才工程投入规模上逐年递增，但增速缓慢，赶不上经济发展的速度；而与经济发展水平相近的其他省份比较，人才工程资金的财政投入不足，与经济强省地位不符；深耕省内17市的科技支出数据，笔者发现许多经济强市的财政资金投入不足，尚有增长空间，这进一步说明以山东省的经济发展水平衡量，人才工程资金投入数量不足。综上所述，山东人才工程资金增长速度不能满足国家和地方经济发展对人才的需求速度。

此外，除了数量不足外，同一人才工程各个具体项目的资金投入量基本相同。这种"一刀切"的做法导致投入资金与项目实际需要资金数额的脱节，资金投入时没有考虑行业差异，具体研究内容的差异。笔者通过深度访谈，收集了高校、企业、科研院所的一些人才工程负责人对资金资助数量的意见，从结

果看，资金资助量存在结构性失衡，即一些人才项目资金不足而另一些人才项目资金过剩。而江苏省的人才工程资金投入为山东省提供了好的经验。如它的重点人才项目"333 高层次人才培养工程"中资金的投入量就采用的是区间投入方式，在培养期内，对列入第一层次的培养对象，省财政择优给予 30 万~200万元的科研项目资助，具体投入数量由专家通过论证给予发放。

二、资金来源结构单一

山东省人才工程主要来自省及市县的财政资金，包括不同部门的财政专项资金拨款。如齐鲁文化名家从宣传文化发展专项资金中拨款，泰山领军人才高效生态农业类从省农业科技发展资金中给予项目支持。另外，相关人才工程中都要求用人单位给予配套的资金保障，这部分资金来自企业的自有资金，然而许多人才所在企业是高校、科研院所、医院等事业单位，这些单位的资金主要来自财政拨款。即使有一部分私营企业，但这部分的资金投入相对于财政投入微不足道。需要注意的是，山东省人才工程从市场筹集的社会资本几乎没有。由此可以看出，山东省乃至我国人才工程资金都普遍存在的现实问题，即资金主要靠财政拨款，来源渠道单一，这也是造成人才资金规模无法快速增长来满足经济发展对人才需求的主要原因之一。

第二节 资金使用效益有待提高

一、资金投放中的问题

资金投放阶段主要是对资金投入结构、方式、精准度等进行评估，主要考察人才工程实施的政府部门决策机制的科学性、合理性及效率性，发挥财政资金的引导性作用。

（一）资金投入结构不合理

人才工程资金的投入应该有明确的目标和清晰的结构。由于山东省人才工程由省、市级多个部门分散管理，所以导致资金投入存在结构性失衡。具体表现为：

一是部分人才资金支持人员重复。不同部门往往以地方经济的热点和重点发展方向，确定资助对象和申报条件，这就导致部门间人才政策支持对象相近，申报条件相似。实践中各领域人才会对照部门要求，多头申报各种人才项目。由于缺乏统一信息平台，委办局难以对申报和资助信息进行比对，存在同年或相近年度资金支持同一人员或团队的情况。

二是部分人才资金支持方向重叠。山东省及各市的许多人才工程资金均重点支持生物医药、新一代信息技术等为主的战略新兴产业，以泰山系列人才工程为例，支持战略性新兴产业的比重超过58%。

三是人才引进、培养及再培训资金的比例失衡。山东省的人才工程资金投入目标主要是人才引进类和人才培养类投入，专门针对用人单位人才再培训的人才工程较少。人才再培训资金投入不足反映出山东省人才政策的缺失，应该加大对人才再培训工程的人才投入力度，实现人才队伍的多渠道快速增长。

四是资金资助人才的年龄、职称结构不合理。资金资助的人才年龄普遍在 50~70 岁，且多为高级职称。没有形成立体式人才队伍结构，山东省人才工程应该着力打造相互配套衔接、覆盖人才不同发展阶段的梯次资助体系，实行梯次培养，针对同一行业内不同人才分别进行管理和培养。

（二）资金投放精准度不够

山东省委、人民政府出台政策明确提出人才工程要对接新旧动能转换的重点产业。从第三章人才工程资金的投入行业分析，山东省的人才工程资金投入基本分布在高端装备制造、高端化工、信息、能源原材料、海洋经济、现代农业、文化、医养健康、旅游、现代金融十强产业。虽然从大类分布上比较符合地方经济发展的战略部署，但行业内匹配的精细度不够。为了全面了解资金投入的精准度情况，笔者实地走访了一些企业和高校，对各单位负责人才工程的部门进行访谈。调查对象反馈比较集中的问题主要包括：人才的研究领域与用人单位所需要的紧缺专业不匹配；人才的科技成果转化与地方产业优势无法匹配。究其原因主要是人才工程立项前的双向信息不对称导致。因此，要实施更加精准聚焦的人才工程，政府要搭建起有利于信息沟通的机制，用人单位要在充分调研的基础上，确定紧缺专业和人才，将人才工程做细、做精，而不仅仅是对接重点产业的粗放式资金投放模式。此外，一些省级或市级高校反映，学校层次对高端人才的吸引力不足，为了实现引进高层次人才的目标，高校往往放宽人才的专业及研究领域的要求，从而导致专业匹配度较差，无法真正实现人才对学校学科建设的带动和辐射效应。

（三）资金投入方式过于单一

山东省人才工程主要采用的是"人才/团队项目"的资金资助方式，即以人才工程具体项目为载体确定培养周期和考核内容，以项目资金的形式资助人才的创新、创业。这种方式虽然有利于人才发展路径的引导，有利于人才工作的统筹安排，但政府主导的资助方式容易造成用人单位与市场的脱节，无法发挥市场在资源配置中的作用。实践中可以通过资助各类创新、创业大赛，产业发展急需科研攻关项目的公开招标等不拘一格的形式，进行资助方式的创新，真正建立符合人才成长规律和市场规律的创新创业资助模式。

（四）直接形式经费比例不合理，间接形式经费投入落实不到位

山东省各级人才工程资金的投入形式主要包括人才津贴、科研补助、奖励、岗位建设经费、用人单位的配套经费、项目经费等直接形式；还包括如定期培训、体检、住房补贴等间接形式。

在直接经费的构成中，奖励性资金占直接经费的比例较低，其实奖励方式而不是单纯的补助方式更能够激发人才的积极性，因为对于高层次人才来说，获得价值认同和肯定更能够满足他们的精神需求。

此外，在各类人才工程的实施细则中，对直接形式的资金投入数额、来源、方式表述得明确而详细，且落实相对比较到位，而间接形式的资金投入在人才工程的文件中描述比较模糊、概括，甚至是缺失。在具体实施中很难落实到位，即便实施资金投入也非常有限，例如，2017 年青岛市的人才发展专项资金为 2.7 亿元，而用于人才培训班的经费仅 30 万元。经费结构的失衡以及间接形式的资金落实不到位，将导致山东省人才工作引才后不能很好地留才和用才。

（五）资助对象多是个人/团队、缺少对中介、用人单位的资助

山东省人才工程资金主要用于人才及团队的引进、培养和使用。对于在人才引进、培养、使用各环节中发挥至关重要作用的人才服务机构、用人单位、人才平台载体、人才继续教育基地等则缺少奖励和资助。通过梳理山东省的各级人才政策，笔者发现仅少数几个城市的人才政策涉及对上述部门的资金支持。如枣庄市的人才政策中涉及支持人才服务综合体的不同数额的资金支持，并对推荐引进人才来枣创新创业并入选省级以上重点人才工程的中介机构、社会组织和个人，最高给予 50 万元奖励。

由此可见，山东省人才资金资助对象单一，未来政策应注重资助对象的多元化，不但要加大对人才及团队本身的资助，也要有计划地对培训机构、人才市场和社会保障系统等人才服务中介机构的培育引导型投入，以及对用人单位发挥人才开发人才培养主体作用的引导激励型投入。不但要注重人才引进的经费投入，更要重视使人才发挥作用的平台建设和人才进一步提升的经费投入。

二、资金使用中的问题

人才资金中的一次性补助、奖励等资金直接发放给人才或团队成员自主支配，而项目及团队建设的资金多是以与项目有关的科研经费的形式发放。因此，这类资金使用需要按照科研经费使用程序和制度要求支取。本书中对资金使用效益的研究主要是针对此类人才资金。目的是考察资金使用者资金支配的合理性、规范性和自主性，即在不违反相关资金管理办法的前提下，资金使用者能够自主支配资金用于人才工程绩效目标实现的效率。

(一) 预算编制与实际情况不符合

人才专项资金预算编制的主要目的是通过事前预测和规划对未来资金的使用有个相对清晰的认识，并以此发挥控制作用，避免不必要的支出。通过计划、控制实现资金使用效益的提高。

一方面是预算开支内容与实际不符。如预算开支编制比例不合理，某些人才项目预算编制中差旅费、专家咨询费等某一类开支项目比重过高。人才编制预算开支不是以项目实际支出为依据，而是从方便日后资金报销为出发点进行预算开支编制。

另一方面是预算资金额年度计划与项目实际进度花费资金数额不符。有些人才项目专项资金的年度计划与项目实施进展的年度计划相去甚远。如一些创业类项目在创业初期资金需求较多，到了中后期资金需求减少。而项目负责人在编制预算时却与资金实际需求量正好相反，这种脱离实际的资金拨付计划往往会影响项目实施的进度。

（二）预算执行情况不理想

对人才工程资金实施预算管理的目的是希望有计划、合理、科学地使用资金，实现人才工程的既定目标。然而在资金使用过程中仍然存在大量的违规行为，不能够严格执行预算。例如，直接费用中的差旅费是指项目实施过程中开展科学实验（试验）、科学考察、业务调研、学术交流等活动所发生的差旅费、交通费等。然而在实际资金使用过程中，很多人员把旅游或者其他事由而发生的差旅费用拿来报销，还存在大量虚开发票等问题。这就造成了人才资金决算严重偏离资金预算，大量人才经费挪用、浪费的现象。

（三）预算执行进度不合理

1. 资金拨付不及时

一些区、县级的人才工程资金的使用过程中，在资金拨付环节，存在首期资金拨付不及时及后期预算年度资金不能按时到位的情况。人才工程资金拨付不及时会影响资金的使用效益。

首先，人才工程项目从批准立项到年度首期资金拨付存在政策时滞。对于一些需要前期大量投入资金的创新、创业类人才项目，资金拨付不及时会影响到人才工程项目的进度。

其次，一些区、县级人才工程的资金拨付中，由于人才资金不能及时到位，人才项目负责人和团队在研究过程中，往往需要先行垫付项目支出费用，大大打击了人才进行科学研究的积极性。

上述问题产生的原因比较复杂：既包括资金拨付制度本身的原因，如资金拨付环节过多导致的时间滞后；还包括资金监管不到位导致的项目资金被其他支出挪用、挤占等；此外，一些地方财政资金紧张，政府无力支付也客观导致资金不能及时到账。

2. 资金使用不及时

通过对山东省各级财政部门和项目主管部门的座谈、询问以及收集数据等方式，笔者了解到许多专项资金拨付后，资金并未按照项目的研究进度在合理时间内使用，项目期满验收时剩余大量资金。甚至有些项目在结项后的一两年内资金仍然未用完。资金的沉淀导致人才专项资金的闲置和浪费。因此，有效控制资金结余保持在一个相对合理的水平，是相关部门急需解决的问题。而解决该问题的出发点是找到导致资金结余的主要原因。

通过对人才工程项目负责人的走访，大家反映导致资金结余的重要原因是报销困难。一是资金报销的手续非常烦琐，项目负责人及团队需要花费大量的精力去了解、完成整个报销流程。人才普遍感觉这些手续烦琐的杂事分散了大量的科研精力，无法全心投入到科学研究中。二是财务报销审批制度比较严格，很多项目实际开支无法提供财务规定的发票，如笔者在调研中给被调查对象买的水果或小礼品无法开具发票。

这些僵硬的制度化条款在很大程度上限制了科研人员的财务支配权和技术路线决定权。因此，这一问题不仅仅影响资金的使用效益，也会影响到科研人员的创新活力。目前财政部门持续加大项目结余资金的清理力度，各项目到期未用完的结余资金超过一定的期限将上缴财政专户。项目负责人为了防止资金被收缴，会在项目到期前突击花钱，快速执行项目预算。预算执行进度的不均衡、不合理也严重影响了资金的使用效益。

三、资金管理中的问题

山东省各级人才工程资金主要来自于省、市的财政专项资金，因此要严格按照专项资金的管理办法进行管理。对专项资金的管理包括资金的审批、计划、监督、控制和考核等一系列工作。通过人才工程资金的高效管理，保证人才工作的顺利开展，同时，通过提高资金使用效益，促进人才工作管理水平的提高。通过调研，笔者发现，山东省人才工程资金管理不论从总体水平还是各个环节的管理都存在较多问题，现对这些问题进行梳理，为今后的改进提供方向。

（一）资金管理部门分散，缺乏统筹协调机制

人才工程资金实行的是统一集中与分口、分级管理相结合的管理方式。宏观层面山东省人才工程资金由省及各市的人才工作领导小组统筹管理，具体项目由不同的部委局等分头管理；微观层面具体项目由政府主管部门、用人单位及项目负责人进行分层管理。

由于一项人才工程涉及科技、财政、教育等多个系统，每个部门的职能和功能存在差异性，管理范围不同，部门之间缺乏制度化的沟通桥梁，所以导致信息沟通不畅，部门之间意见分歧突出。

另外，在项目资金的使用过程中，由于部门管理的地域分割、项目分割等因素，既导致人才工程资金的使用无法高速运行，又使得原本多个部门管理的资金更加分散，形不成合力。既增加了资金管理的成本又降低了资金使用的效益。同时，各管理部门从自身利益出发，经费支出相互推诿、拖欠或分配不

合理等现象屡见不鲜，这些现象和问题都表明山东省的资金管理体系不健全，缺乏统一的机制安排。

（二）资金审批管理漏洞较多，容易滋生腐败

资金审批是人才工程资金管理的重要程序，是确保资金高效使用的首要环节。山东省人才项目的审批主要是采用专家评审方式。评审专家的选择以及评审标准的随意性较大。由于在项目审批管理上没有形成制度化的管理政策，导致审批不够科学和规范，存在很多漏洞。如部分部门权力过于集中，项目安排随意性大，为寻租等腐败现象提供了滋生的土壤。

（三）资金预算开支大一统，资金预算管理缺少灵活性

人才工程资金中以科研经费拨付的这部分资金要严格按照科研资金经费开支科目进行预算编制，资金的实际使用者没有自主编制预算列支科目的权力。这种预算管理方式在实际资金使用中存在如下问题：

（1）管理部门制定的开支科目无法满足资金实际使用者对开支科目的种类要求，如在调研过程中很多人才反映比较多的是调研购买小额礼品无法报销，应该在预算开支科目里增设"礼品费"或者"参与调研费"。

（2）现有大一统的列支科目没有区分专业差别、行业差别、项目差别。

（3）资金预算管理缺失灵活性，资金使用者更改预算审批程序复杂。

（四）人才工程资金的全过程监督管理力度不够、方式简单

人才工程资金的监督管理要坚持贯彻"高标准""全过程""全方位"的原则。资金监管对于提高资金的使用效率，体现资金投入的公平、公正是十分必要的。山东省人才工程资金存在的随意挪动、浪费严重、使用效益低下等现象都与监督环节的缺失不无关系。

"高标准"原则是指要加大法律监管力度。通过立法实现资金监管的严格性和制度性。截至目前,我国尚未存在一部专门的关于人才工程资金的法律法规,导致人才工程资金管理的监管措施没有法律保障。山东省尽管颁布了一系列各类人才工程资金管理办法,但配套的资金监管制度尚未健全。这些政策文件仅起到倡导性作用,没有强制性规定,相应的法律责任也不明确。难以实现强制有效的监督管理活动,不能保证政策上的贯彻和实施作用。

"全过程"原则是指监管部门要严格把控从资金决策、预算、使用、评价的全过程监督,山东省人才工程资金管理比较重视资金使用环节的监督,如资金支出项目与实际预算编制项目是否吻合,资金支出凭证真实性的审计。而对于资金决策、预算、评价的监管环节缺失。管理部门缺少对资金决策和评价环节监控的意识和重视,因此没有相应的配套政策出台。

"全方位"原则是指应鼓励所有利益相关者参与资金的全过程监管,充分调动社会、专家、用人单位、项目负责人、第三方中介组织等。目前,山东省人才工程资金监管的方式比较单一,主要靠相关资金管理部门和审计部门的审计,只有形成全面参与的监管体系,制定灵活多样的监管方式才能真正发挥监管的作用。

(五) 人才工程资金考核管理机制不健全

人才工程资金的考核管理属于资金使用后的事后管理环节。主要是对人才工程资金投入后实际取得的经济、社会、生态效益等进行综合评价以及对评价结果的反馈运用。尽管山东省颁布了《山东省省级财政支出绩效评价管理暂行办法》，且许多部门的专项资金也已按照该标准实行财政资金的绩效管理、考核和评价。然而由于各类人才工程的分头管理，直至目前还未有专门针对人才工程资金的绩效考核办法。

实践中，人才项目实施一定阶段或项目实施结束后，都要组织实施绩效评价工作。根据中期评价结果确定下期专项资金的预算拨付，根据期满时的评价结果进行多方位应用反馈。在绩效评价过程中，山东省普遍存在以下问题：

一是绩效评价的对象主要是人才资金的实际使用者，缺失对用人单位及资金管理部门管理水平及监管能力的评价。

二是绩效评价内容主要是对人才工程资金使用后最终取得的经济、社会、生态效益的评价。缺少对资金投入、使用等环节的评价，缺少对评价对象的奖惩机制。

三是缺乏科学的绩效评价体系。山东省人才工程尚未建立包括计划、监督、控制和评价的资金绩效评价系统。资金绩效评价的组织流程、评价指标、评价方法等主观随意性大，没有建立科学化、制度化的评价体系。

四是绩效评价的反馈机制没能发挥作用。反馈机制的建立需要人才工程的各个相关部门间搭建制度化的沟通机制，通过部门间的信息共享和信息流动，真正实现将绩效评价结果应用于绩效管理制度的改进和完善中，从而动态实现人才工程资金的高效运转。

绩效评价体系作为政府提高人才工程资金效益的重要抓手，在整个人才工作中起到重要作用。政府一定要通过合理的机制设计，真正发挥绩效评价的作用，运用过去的绩效提高未来的绩效，实现事半功倍的效果。

（六）服务人才工程的工作人员数量少、专业素质低

负责人才工程的管理人员数量不足，特别是越往基层走，工作人员越少。而且每个工作人员身兼多职，"双肩挑"的管理模式比较普遍。这一状况导致很多服务人员无法将全部精力投入到人才服务中，工作态度怠慢、专业水平有限等问题较普遍。通过对人才工程资金使用者的访谈，很多人才反映在资金使用过程中的专业问题无法得到满意答复，这在很大程度上影响了资金的使用效益。

第三节　其他省市的经验总结及本章小结

一、其他省市的经验总结

国内很多省市的人才工程建设开展得非常好，在人才工程的资金管理方面积累了许多先进经验，学习和总结这些省市的先进做法，为山东省人才工程的资金管理提供改进的思路和方向。

（一）江苏省

江苏省在全国率先实施"333 工程""双创计划"等重大人才工程，集聚和培养了一批高层次人才。在人才资金管理方面的先进做法有以下几点：

一是在资金投入上，聚力资助"高精尖缺""卡脖子"领域人才，以"双创""两重点"为核心，主要围绕发展创新型经济和构建现代产业体系两项核心目标，重点建设高层次创新创业

人才队伍和重点产业、重点领域急需紧缺专门人才。

二是在项目总金额固定的情况下，本着支持更多人才、支持重点人才的原则，优化资助结构。如继续实施省"双创计划"500万元、300万元重点资助，同时适当压缩100万元资助人数，提高50万元资助人数。

三是注重资金投入的持续性和长期性。对来苏五年内的人才，符合条件的，还可申报省"双创团队"，继续给予更大力度支持；创业类人才创办的企业新引进人才，符合条件的可以继续申报双创人才，给予持续支持，助推人才企业做大做强做优。

四是整合江苏省相关科技项目资源，对"双创人才"承担的项目给予集中支持，增加人才政策合力。

（二）句容市

江苏省句容市属于镇江市代管的县级市，是长江三角洲一座集港口、工业、商贸、旅游为一体的新兴城市。句容市是中国的百强县（市），也是全国科技创新的百强县（市）。近些年，句容市的人才工作一直走在全国的前列，在人才资金管理上也积累了丰富的经验。

首先，在人才项目资金管理上，句容市引入属地管理原则，增列了人才项目所在地乡镇的资金管理责任。

其次，对资金管理流程进行再造。项目资金管理从人才项目目标、资金预算、进展考评、资金申报核拨、绩效评价和检查审计等方面进行有机重构，涵盖整个资金管理的关键点，构建内部有效传导、功能运行清晰的资金管理闭环体系，形成科学合理且有效的资金管理流程。

再次，建立资金管理会办机制，即在人才项目资金预算编制和执行工作上实行会办，会商讨论决定资金安排及使用等重要事项。

最后，资金拨付制度创新。首批资助资金的拨付由无条件拨付改为有条件拨付，即人才创业类项目须完成注册落户，创新类项目须订立合作协议，具备实验场所及设备。对第二批和第三批资助资金拨付应达到的要求作了具体规定，即项目投入与总资助额度和项目产生的销售额的比例。

（三）北京市

北京市作为我国政治文化中心，在人才工作上一直走在全国的前列，其财政人才工程资金投入的经验如下：

一是注重基础平台建设，建立了政策平台"北京人才工作"网。该网站集政策汇集、项目申报系统、信息发布、专家库等多项功能于一体，为人才政策的发布、推广、实施带来便利。

二是紧抓地方优势领域，发展高端教育人才。作为全国高校数量最多的城市，北京市建立了大量高校高层次人才培养政策和资助资金。

三是打造立体培养结构，注重人才梯队建设。

（四）深圳市

深圳市在人才工程资金投入上重视地方人大立法推动人才发展体制机制改革，将人才专项资金和人才创新创业基金等纳入条例。此外，深圳市注重整合资金政策，将各项人才资金计划培养人数、扶持资金力度量化集中在一份政策中，集中归集发布人才投入规模和标准，政策显现度和人才感受度高。同时，深圳的人才工程资金资助力度大，优秀人才奖励资金最高达500万元，高层次人才以"团队+项目"形式最高可获1亿元资助。

二、小结

本章主要以省级人才工程为研究对象，对山东省人才工程资金存在的普遍问题进行了分析。山东省人才工程资金存在的问题主要集中在两点：一是来源单一，二是资金使用效益不高。因此，针对以上问题，同时借鉴各省市在人才工程资金管理上的先进经验和做法，以下两章将主要从"开源"和"增效"两个方面进行对策研究。

第五章
扩大人才工程资金来源渠道的对策

当前山东省人才资金投入的增长速度远远落后于经济发展对人才资金需求的增长速度。因此，人才资金的"开源"问题是当前山东省人才工作的一项艰巨而重要的任务。笔者认为，在保证财政性资金投入稳步增长的同时，鼓励全社会增加人才投入，加快建立以政府投入为引导、用人单位投入为主体、社会和个人投入为补充的多元化人才发展投入机制。

政府要弄清财政资金与各类资金在人才资金投入中的作用。要发挥政府在人才投资中的引导作用，明确政府在人才投入中的基本职能和责任：提供基础性投入，满足人才发展的基本需求，解决市场机制不能解决的人才投入问题。

政府财政投入应作为人才培养体系创新、环境创新的引导性资金，具有"放大效应"和"乘数效应"的作用。

首先，政府财政资金要从人才资金市场的主力军转变为引导者、服务者。要改变当前人才资金以政府为主的投入现状，努力发挥政府资金"四两拨千斤"的作用。例如，2011年，宁波市财政参股宁波海邦人才创业投资合伙企业，投入5000万元撬动10亿元的社会资本。

其次，政府资金要投入到促进人才与各类资本要素结合的公共优质服务上。如平台搭建、奖励资助以及宣传推介等。

最后，政府通过各类财政、货币政策推动市场发挥重要作用，引导各种途径的资金参与人才建设。

人才资金的充足是人才工作顺利开展的重要物质保障，许多省市在创新人才资金来源渠道上做了很多有意义的创新和尝试，并取得了一定的成效。山东省一定要在吸收其他地方的先进经验，并结合本省实际情况加快人才资金渠道的建设。本章将对扩大人才资金来源渠道给出几点建议。

第一节　争取中央各类人才政策和资金

自《2002~2005 年全国人才队伍建设规划纲要》首度提出"实施人才强国战略"到党的十九大报告，人才战略越来越受到中央的重视，国家出台了许多相关措施。各类利好政策不断出台，为人才战略提供制度保障；一系列人才工程的实施对国外高层次人才的引进和国内高水平人才的培养发挥了重要作用；国家最高科学技术奖、自然科学奖、技术发明奖、科技进步奖和国际科学技术合作奖等一系列奖励制度，鼓舞着各类人才贡献才智。

山东省在利用这些利好措施方面还有很大的空间可以提升。

首先，山东省应认真研究国家出台的各类人才政策并组织山东省各部门及市县级相关单位学习人才政策文件。然后依托中央关于人才方面的优惠政策，立足本省实际、突出人才现状和未来发展趋势，充分发挥中央人才政策的效应，极力拓宽中央关于人才的政策性渠道，积极争取中央的财政支持。比如税收优惠、税收减免、财政预算补助等政策，争取更多的资金渠道。

其次，鼓励重大人才工程的申报，做好人才工程宣传、申报、管理的服务工作。

最后，积极引进国家级各类人才工程的高端人才和团队，借助国家人才政策的春风助力山东省经济的建设。

第二节　政府多举措促企业加大人才资金投入力度

企业是人才引进、培育和使用的主体。引进高端人才智力、培养优秀实用人才不仅是实施人才强省战略的重要内容，更是企业打造竞争新优势、加快转型升级的必然选择。因此，在当前山东省及市、县等地方政府财政预算有限，短期无法实现快速增长的现实约束下，应该积极探索企业资本参与人才发展的机制和路径，要通过实施政策激励和市场引导，使企业建立规范化、制度化和长效化的人才资金投入机制，成为人才工程资金的投资主体。

一、通过税贷等优惠政策鼓励企业加大人才资金投入

在税收方面，对于积极实施人才工程引进高端人才的企业载体，政府应将企业承担的租房和安家费资助保障资金，纳入企业成本，予以相应的税收减免。政府还要制定相应的标准对

企业引进人才的层次和数量进行评定并相应扣减不同数额的营业税、城市维护建设税、教育费附加和企业所得税；对于企业引进的创新团队，其研发成果的产业化项目，政府要优先保障土地供应，并可在项目达产后的连续几年中将形成税收地方留成部分的若干比例奖励企业。

在贷款方面，政府应制定相关政策对人才投入力度大的企业给予倾斜优惠。如企业在申请贷款及各类专项资金时要将企业人才工程资金投入的情况作为贷款发放的考核指标之一。特别是中小企业，政府在协调金融机构提供信贷支持时，可将其作为重要的贷款及资金发放的审核条件。

在奖项评定方面，政府相关部门在高新技术企业、创新型企业以及各类奖项的评定中对引才育才突出的企业要有一定程度的政策倾斜。

在企业经营方面，通过政府采购扶植和鼓励企业加大人才资金投入。众所周知，政府采购是公共财政干预经济的重要手段，各级政府在公共采购招标时，对于人才工程开展较好的企业的商品可在政府采购计划中优先采购，充分发挥政府采购对市场经济运行的杠杆和推动作用。

二、政府对企业人才资金投入行为进行奖励

（一）对企业社会化招才引智的奖励

当前山东省个别市、县已经颁布了对引进重点人才工程人选的企业进行奖励的政策，但存在奖励力度小、政策覆盖面窄、奖励标准单一等问题，并未达到政策预期的效果。

首先，省政府相关人才管理部门应该通过制度化建设要求

全省所有市县制定并实施对企业引才的奖励政策，扩大政策的覆盖面。

其次，政策奖励力度要合理，过低的奖励金额对企业起不到激励效果，过高的奖励造成地方财政沉重的负担。

最后，政策奖励要分层次、分行业。对于地方经济发展急需的紧缺人才和团队要加大奖励力度，引导企业向紧缺人才方向加大投入。奖励政策的制定要结合地方经济发展的方向体现出行业差异、人才层次差异，不要"一刀切"。

（二）对企业培养人才的奖励和补贴

为鼓励企业加大人才培养的力度，政府可从以下几个方面予以奖励：

第一，对新取得技师以上国家职业资格证书（职业技能等级证书），以及高级技师参加高端专项能力培训并经考核合格的人员，坚持"谁出资培养、谁享受补贴"原则，按人头给予企业补贴。

第二，对企业全职引进和培养的人才，新获得世界技能大赛、"中华技能大赛""全国技能能手"等国家级比赛的名次，政府除了对团队和个人予以奖励之外，对人才及团队所在企业要进行奖励。

第三，在山东省境内申报并入选国家、省及地市级人才工程的人才或团队，政府将对人才及团队所在企业进行不同程度的奖励，以此支持企业加大优秀人才培养开发的力度。

第四，为促进企业家人才队伍建设，政府应对定期邀请资深专家教授、知名企业家来企业授课，对经营管理人才进行定期培训的企业给予一定的资金补贴。还应建立专项资金用于企业选派优秀企业家到国内外知名高校进修学习。

（三） 对企业建立人才平台的奖励和补贴

政府不仅要鼓励企业加大人才引进和培养的资金投入，还要引导企业资金流入人才平台建设。"栽下梧桐树，引来金凤凰"，好的平台有助于人才的引进，同时也有利于留才和用才。因此，政府应鼓励企业积极推进人才平台建设，提高人才承载能力和科技创新水平，打造引才聚才新优势。

鼓励支持企业积极创建各级各类人才平台。这些平台包括企业重点实验室、工程实验室、工程技术研究中心、企业技术中心、产业技术创新战略联盟等国家、省、市级创新平台，以及博士后科研流动站、院士工作站等。对当年新建的这些人才平台不仅要给予平台建设的配套资金，还要给企业相应奖励，以鼓励、引导企业注重人才平台的建设。

政府还应对与国家、省市级科研院所建立技术合作关系需支付对方费用的企业，按合同当年应支付费用的一定比例予以补贴。具体补贴比例视项目的预期经济收益及与地方经济转型发展战略的匹配度灵活变动。

（四） 鼓励企事业单位建立人才发展专项资金

为了保证企业能够长期、稳定地加大人才资金投入力度，政府应推动企业建立人才投入的长效机制。应该学习西方发达国家企业的先进经验，在企业内设立人才发展专项资金，以满足对人才引进、培养、奖励、项目配套等多方面的资金需求。

当前中国只有为数不多的企业设立了人才发展专项资金，山东省在这方面的工作相对落后。因此，山东省政府要加强引导，推动落实，人才专项资金的数额可以根据企业的年销售额计提，销售额越大的企业计提比例越低，具体数额可由单位自定。高校、科研院所、医院等事业单位人才发展专项资金可列入到"事业支出（或经营支出）"；其他企业则计入"管理费用"。建立人才专项资金可以在个别企业先行试点，总结推广典型经验，做好监督检查，开展绩效管理，确保各企事业单位建立人才发展专项资金工作落到实处。

第三节 引导金融资本参与人才工程

资金与人才是企业和地方经济发展中不可缺少的两个重要因素。加强人才金融合力，营造良好营商环境，将金融资源、人才资源转化为产业优势，才能推动山东省的自主创新能力和产业竞争力全面提升。山东省应积极引导金融资本参与人才建设，创新"人才+资本+技术"的对接合作模式，搭建资本与人才对接的合作平台，拓宽人才创业融资渠道，不断促进金融要素与人才、技术要素的交融合作，使金融资本与人才企业实现互利共赢。

一、政府主导建立人才基金、产业投资基金

政府应创新人才投入方式，引入市场化运作模式，通过建立各类基金，引导带动社会资本，特别是金融资本增加对人才发展的投入。比如，建立人才基金，人才基金是以服务省内高层次人才为根本目的，打造以人才创新创业为主要投向的股权投资基金集群。基金应重点投资于省内高层次人才在十强产业等高新技术领域的未上市公司，对优秀的人才给予持续的资金

支持，实现人才、产业与金融资本的有机结合。江西省首只人才基金——南昌市安芙兰人才投资管理中心已经落地运作，山东省也要尽快建立服务本省经济的专门的人才基金。

政府财政资金还应投入支持创业风险投资企业的发展，建立产业投资基金。一方面，政府的介入为民间资本、金融和风险投资机构吃了一颗定心丸，会吸引社会各界力量广泛参与，起到资金放大效应；另一方面，政府站在顶层设计的角度高屋建瓴地引导金融资金与地方产业发展战略有效对接，将市场机制与计划指令有机配合，实现资本与人才、产业的高效融合。

这些市场化的运作基金将为人才创新创业提供资金支持，并成为吸引人才到鲁工作和创业的有利因素。山东省政府应尽快出台扶植各类基金建立和发展的有利政策，真正实现市场化资金运作，将金融资本引入人才工程。

二、政府搭建融资服务平台，促各类基金投资山东人才项目

前文提到的人才基金、产业基金（前者）与本部分提到的天使、风投、私募基金（后者）有以下几方面的差别：①前者属于政府引导性基金，带有一定的公益性，属于类市场化基金。后者则是资本市场上的市场化基金，其资金流向完全由市场决定，基金坚持价值投资原则进行资源配置。②前者主要用于扶持高端人才的创新、创业和产业发展，即投资于企业初创期，而后者既包括专门投资初创企业的天使基金，还包括投资于成长阶段企业的风险投资资金以及投资于成熟企业的私募股权投资基金。③前者属于新建立的有特定投资目的的专业性基金，

且主要来自本省内的各类社会资金，而后者为资本市场上已成熟运作的机构基金，是金融服务实体经济的专业投资者，可以作为山东省金融资本的有利补充。

政府如何实现人才与资本要素的对接？如何打破人才、企业与投资机构之间的壁垒？这是当前政府面临的重要课题。政府要搭建人才与资本、科学家与企业家、智力与"智造"、创客与众创空间对接合作的平台，而建设集"人才+资本+产业"为一体的金融资本服务平台则是重要抓手。

实践中的"人才创投联盟"就是集"人才+资本+产业"为一体的金融资本服务平台。该联盟一端连接海内外顶尖人才、两院院士、国家百万人才工程、省重点人才工程等人才项目资源库，另一端连接天使投资、PE/VC、银行、证券等创新资本要素，通过定期项目路演等形式，在"优秀的人"与"聪明的钱"之间搭桥，实现政府吸引人才、人才获取资金、资金投放实体、产业优势集聚的共赢局面。

2019年，山东省已经在济南市建立了高层次人才发展促进会人才创投联盟。作为山东省构建人才发展多元化投入机制的探索，人才创投联盟为各类金融机构、高层次人才搭建了直接对接平台，首批会员单位吸纳了创投公司、咨询公司、融资租赁公司、银行和资本交易市场等多种类型机构，管理资本总规模达600多亿元，有力地拓宽了人才创业融资渠道，堪称高层次人才创业的融资"直通车"。

此外，还有上市培育基地等全新平台。如江苏省高投集团与江苏省金融办、深圳市证券交易所合作共建的"江苏创新创业企业上市培育基地"，是继深交所北京中关村基地之外的第二家省级基地。基地有发掘培育拟上市公司、优化公司治理结构、创业企业路演推介和定期组织江苏基层金融干部培训等功能。山东省一定要紧跟全国先进省市的步伐，力求在资本服务平台建设上取得实效。

只有兴金融，才能聚人才。同时有了更多的人才和优秀的创业者，资本自然就会向山东省聚集。这是一个良性循环的过程。山东省政府应建立更高更专业的投资、创业服务体系，搭建更强更开放的资本与人才对接平台，使"资本+人才"成为支撑山东省经济腾飞的两翼。

三、政府多举措促专利权质押贷款业务快速发展

专利质押贷款指的是，用已被国家知识产权局依法授权的专利技术作为质押，从银行获得贷款。它是中小微企业融资的重要手段，也是高端人才创业初期获取资金的渠道之一。高端人才手中握有专利技术，通过知识产权的质押恰好可以获取企业发展的资金，这种知识产权和金融的密切结合对于创新发展将起到更加重要的作用。

在大众创业、万众创新的新形势下，高端人才自主创业意向增长迅速，对专利质押融资的需求越来越旺盛。然而由于专利权的价值难以确定、专利权难以变现等问题，实践中银行都不愿意开展专利权质押贷款业务。从美国、日本的经验来看，如果政府能够协助信用的提升，或给予信用担保服务，则可以协助人才或科技企业利用专利权作为担保向金融机构申请贷款。

目前，相关地方政府不断探索知识产权质押融资贷款的新模式，推出各类支持政策，为融资工作提供政策保障，并取得新进展。如山东省已建立由政府、银行、担保和保险风险共担

的知识产权质押保险贷款模式；江苏省联合中国人民财产保险股份有限公司探索出将险资直接用于知识产权质押融资的"政融保"模式；广东省加强全链条管理，以保险撬动贷款的模式推进知识产权质押融资。

各省市的先进经验可以作为山东省未来推进专利权质押贷款业务的重要参考；同时，山东省还应推进专利技术交易中心的落地，实现专利权的市场交易。

四、促人才创新创业板健康发展，为人才型企业提供资本服务

股权交易中心作为我国多层次资本市场的重要一员，按照国务院对区域性股权市场的定位，致力于打造"地方人民政府扶持中小微企业政策措施的综合运用平台"。目前一些地方股权交易中心通过创建"国际人才创新创业板"，在服务高端人才创业方面发挥了重要作用。

山东省青岛市蓝海股权交易中心是全国区域性股权交易中心的佼佼者，在金融服务平台的建设上走在了前列。未来政府应在中心的规范化、特色化、个性化服务方面不断监督和提供政策支持，并将成功经验复制、推广到其他股权交易中心。

第四节　多渠道筹集社会闲散资金助力人才资金的扩充

山东省政府可以成立人才基金会这种非营利组织作为筹集社会资金的载体。基金会的资金来自政府拨款和社会捐赠。同时作为从事公益事业的非营利法人，人才基金会还可以发行专项彩票公益金，用于推动山东省人才引进、培养、交流和培训等计划。

此外，各用人单位也可以成立人才基金，吸纳社会多渠道资金，既可以引入资本市场的投资也可以吸收社会团体、企业及个人的捐款。比如，武汉大学成立的人才基金，在不到一年半的时间里就筹集到了社会捐款 5 亿元。

总之，多渠道筹集社会闲散资金作为人才发展资金的有力补充，才能真正使人才工程产生经济效益，全省才会形成重视人才，人才积极发挥潜力的良性循环的氛围。

第六章
提高人才工程资金效益的对策

　　高端人才的培养是一个循序渐进的过程，是一个国家的长期战略。这个系统工程需要社会、政府、企业、个人共同的投入。政府在人力资本投资中担当多重身份：既是直接投资者，也是规划者、引导者、培养者和监督者。在人才工程的建设中，政府应该重点扮演好规划、引导、培养和监督的角色。通过财政资金的投入，发挥主导带动作用。通过资金投入、使用和管理的机制建设，发挥在人力资本市场上培育、监督的作用。

　　政府只有持续推进投入对象、投入规模、投入方式和投入绩效等人才机制构成要素的精准化、系统化、协同化，才能有效发挥财政投入引导性作用；政府通过财政资金管理水平的不断提高，才能实现人才资金配置的高效、合理、安全、公平。因此，本章主要从政府职能的视角，对提高人才工程资金效益提出一些建议。

第一节　提高人才工程资金投入的对策

一、投入规模合理化

山东省人才工程资金存在总量不足，单个项目资金实际需求与投入不匹配等问题。这里的资金投入量主要指政府财政资金的投入量。尽管山东省每年的资金投入数量在不断增长，但不能满足经济发展对人才的需求。究其原因是政府没有建立科学的资金需求分析机制。笔者认为，一方面，政府应该组织专家对用人单位的人才需求状况进行深入的调研，以本省经济发展状况及现有人才资源状况为基础，对短期及中长期的各类、各级人才的需求数量进行科学预测，以预测结果作为计算人才资金投入规模的主要依据。要实行资助力度更大的人才资金逐年滚动管理，按新设项目和结转项目分年度测算资金预算需求。另一方面，政府应借鉴发达国家的人才投入资金的测算方法，比较本国经济发达省份的人才政策及资金投入规模，制定人才资金投入规模的最低增长比例，如每年人才工程资金投入量不能低于 GDP 的一定百分比。通过制度化的设计推动资金投入规模的合理化增长。

对于单笔项目资金实际需求与投入不匹配的问题，要从人才工程立项审批的源头进行解决。要建立人才项目投入资金分级制度，即政府只把握人才工程资金的总体预算投入规模，具体人才项目投入的资金数额由人才自己申报，项目立项时组织行业内专家根据人才项目研究的内容及资金预算安排进行论证、审批。此外，还可以将资金分配与项目结项成果挂钩。立项时批复的资金数额根据项目的研究进度分阶段发放，最后一笔项目资金的发放安排到项目结项后。如果结项评定结果不合格将取消该笔资金的发放，如果结项鉴定结果为优秀则可以提高最后一笔资金的发放数额。通过这种机制设计也可以促进资金使用效益的提高。

二、政府通过顶层设计，解决结构失衡问题

顶层设计是运用系统论的方法，从全局的角度，对某项任务或者某个项目的各方面、各层次、各要素统筹规划，以集中有效资源，高效快捷地实现目标。人才工程资金投入的顶层设计就是通过政府对人才资金的整体谋划，实现资金要素的有效配置并最终实现人才政策目标及经济发展目标。

解决资金支持人员重叠、支持方向重复等问题的关键就是要发挥政府的"统筹机制"和"集聚机制"。政府应建立人才发展专项资金，由各级人才工作小组统筹管理，组织部门牵头负责各项人才工程的资金管理。一定要打通部门之间沟通的障碍，部门之间在沟通的基础上要分解目标责任，明确责任单位和责任人，建立权责明确、统分结合的人才工作协同机制。通过部门联动形成政策合力。在具体操作中，人才资金的预算编制细化到具体使用部门，按支出功能科目和经济科目编全编细资金预算。政府对人才发展专项资金按照投入行业、投入专业、投入对象等进行多维度管理，可以从全局的角度平衡各梯次人才

资助力度，平衡综合性人才资金和行业性人才资金比重，统筹基础性和领域性资金投入比重和布局。

此外，政府还应建立人才数据库平台，该平台不仅包括人才的基本信息，还应包括人才资金投入数量的信息。人才数据库平台建设是政府实现顶层设计的基础和保障，政府可以通过人才信息的管理实现各年龄层次、人才层次的合理化布局；通过资金投入量的信息，在汇总平衡层面上实现跨部门、跨工程的资金预算管理。完善的人才数据信息库不仅有利于政府对各类人才进行统一管理，而且有利于实现不同部门、行业之间人才信息的共享和人力资本的流动。

政府还要通过机制设计发挥创新创业投资引导基金、产业投资基金、科技资金等相关资金作用，形成人才工作合力。使财政人才投入资金与产业资金、科技资金等相关资金有效衔接，发挥政策叠加组合效应。

三、通过市场化投入方式的运作确保投入对象精准化

"引才""育才"的目的是"用才"。人才资金的投入一定要坚持人才与产业融合、与企业互动、与项目对接的原则。当前人才工程资金是以人才项目为依托，人才通过企业申报，政府审批的方式立项投入。这种方式主要依靠政府投入与决策，市场化程度较低。人才往往根据自身的研究领域和研究专长确定人才项目的工作计划，其结果将导致人才研究课题与行业及企业需求的脱节，人才资金的浪费。尽管人才开发是一种外部性很强的混合公共产品，在经济学中公共产品有时会存在市场失灵的情况，需要政府的介入。但在人才资金的投入中，政府不

能成为唯一的投资主体和主要的决策者，需要综合运用多种手段，调动全社会投资的积极性。在资金投入上要发挥市场力量自发调节，否则会造成资源配置的扭曲，微观主体的目标冲突，导致人才需求单位与人才的错位。

如何才能发挥市场的作用，如何实现人才资金投入的精准化。本书提出如下思路：

首先，政府要实行更加灵活的人才工程政策，变"选人"为"选企业"。政府结合本省、市经济发展战略，产业发展政策，并围绕新旧动能转换重点发展的十强产业，确定优先发展的产业及产业集群（如果蔬和葡萄酒加工产业、海洋生物产业等）。以产业集群提炼相关重大科研需求，将人才资金重点投放到与产业集群相关的研究院所及创新平台，为基础性、前瞻性的研究成果储备人才。此外，人才资金还应投入到重点产业集群的重点企业中。重点企业的筛选主要包括行业中的龙头企业、有发展潜力的创新型企业以及有技术需求的转型企业。政府通过对科研型和产业型企业的筛选实现财政资金引导职能。

其次，政府将人才选拔和评价权直接下放给企业。为实现人才和企业的精准匹配，本书创新性地提出人才工程的"P2P"网络平台。P2P（Pear to Pear）又称点对点，是一种将小额资金聚集起来借贷给有资金需求人群的一种民间小额借贷模式。P2P网络借款平台是将P2P借贷与网络借贷相结合的互联网金融服务网站。该平台兼具P2P和网络金融的点对点、门槛低、速度快、成本低、覆盖广等优点。本书将P2P网络平台的运作原理与模式复制到人才工程资金的投放中。获得政府人才工程资助的企业将重大或紧急攻关科研项目发布到P2P网络平台招标，通过平台宣传和推介鼓励相关领域人才投标，由平台组织行业专家进行线上筛选。中标人才和企业完成线下签约。该平台具有以下优势：①点到点，要素精准匹配。以科研项目为依托通过招标方式实现企业所需技术和人才的精准匹配。②门槛低，P2P 的特点之一就是小额贷款。企业也可以将发展过程中需要解决的重大科研课题分解为模块化的子课题，将子课题在 P2P 网络平台上发布征集专业领域人才。③成本低，在互联网模式下，技术供求双方可以通过网络平台自行完成信息甄别、匹配、定价和交易，削弱了信息不对称程度，省时省力。④覆盖广。在互联网模式下，人才的选拔能够突破时间和地域的约束，不管是企业内部还是外部的人才，不管是本省还是外省的人才，不管是国内还是国外的人才，只要符合基本投标条件，都可以在平台上参与项目的投标。对于一些海外或外省的人才，中标后只要能够按时按质完成项目任务，不必跨境到企业工作，减少了人才迁移的巨大成本。企业也可以实现引智而不引人的人才软引进。

最后，P2P 网络平台除了实现企业与人才要素的有效匹配功能外，还具有融资的功能。因为该平台以项目为依托，可以按照项目管理的方式进行融资运作。各类科研项目在平台招标发布后，具有投资意图的投资人和机构投资者可以对项目评估选择自己感兴趣和具有盈利潜力的项目进行投资，因此，该平台还实现了将社会各类资金引导到人才发展领域的功能上。综上所述，人才工程的 P2P 网络平台是"互联网+人才"模式的探索，可以实现"技术+人才+资金"的精准匹配。

2017 年，山东省遴选了首批 25 家省引才重点支持企业给予其泰山市产业领军人才工程配额，在短短两个月时间内，11 家企业从海外省外全职引进了 14 名关键技术岗位的急需紧缺人才。山东省人才工程政策已经迈出了第一步，未来应推进 P2P 网络平台的构建。

四、改革资金投入方式

当前山东省人才工程主要采用的是以"人才项目"为依托的分批投入方式。山东应探索充分体现人才创新价值和特点的资金投放方式。如资助各类创新、创业大赛，产业发展急需科研攻关项目的公开招标等不拘一格的形式。此外还应根据不同人才工程的特点采用不同的资金投放时间。对于短期的培养类人才可以采用"项目+人才"的事前投入方式，通过细化量化依托项目的预期目标和绩效要求来提高资金使用效益。对于哲学社会科学研究成果可以考虑后期资助和事后奖励制。对于创业类项目资金投入可以在企业创业前、创业中、创业后的各个阶段，并且可以采用现金、股权投资、研发补贴等多种形式。

五、创新间接形式经费投放方式

人才工程资金投入的间接形式主要围绕改善人才生活、科研条件的方式进行投入，目的是扫除阻碍人才创造性劳动的障碍，为人才发展创造良好的外部环境。当前采取的主要方式如住房补贴、体检、旅游和定期培训等。笔者认为，除了这些传统的方式外还应对人才在工作和生活中存在的实际问题进行调研，发现人才遇到的新问题和难问题。比如，对于很多引进人才来说，子女入学、考学问题至关重要。山东省是典型的高考大省，高考考生较多，难度较大。很多人才从子女考学的角度通常不会选择山东省的企业。那么山东省能不能针对一些高端人才推出一些高考子女加分或本省高校在录取高端人才子女时可以适当降分的措施。人才经费的投入不一定非要是资金投入这种方式，可以从一些政策优惠、制度保障上进行创新尝试。

六、加大对中介组织、用人单位及平台建设的资金资助力度

山东省人才工程除了加大对已有人才中介组织的资金支持力度外，还要加大对人才中介机构培训和培养的力度。随着人才工作的重要性和人才任务的增大，人才中介组织在人才引进和培养中的作用越来越大。不但为企业和人才提供供需信息，而且承担部分企业人力资源管理的职责，比如专业技能培训、问题诊断等。目前，山东省人才中介组织，特别是服务高端人才引进的中介组织较少，因此政府应投入资金加大力度培育满足市场需求的人才中介组织。

尽管山东省已有一些对引才、育才先进单位资金支持的做法，但还未形成制度化的机制，笔者建议通过制定对用人单位的奖励政策，从制度上形成对企业人才工作的激励机制。

政府应该制订平台建设的中长期发展规划，注重平台建设经费的持续投入，有组织、有计划地建设一批国家级重点实验室、工程技术研究中心、孵化器，建设一批省级重点科技创新研发平台，只有这样才能实现平台引人，平台留人，平台用人的目标。

第二节 提高人才工程资金使用效益的对策

绩效评价就是运用特定的指标，采用较为统一的标准和方法，对评价对象的运行过程和产出结果做出客观、公正的评价。为决策者提供分配资源和拨款的依据。好的评价体系既可以如实地反映人才工程资金的使用效益，又可以激励当局管理者改进工作方式，提高管理水平，为更好地实现人才工程的价值奠定扎实的基础。

山东省人才工程资金的使用虽然也有事前的预算、项目运行中期的考核、监督以及事后结项时的绩效评价。但各环节执行过程流于形式且相互独立，彼此割裂，未能形成一个彼此沟通交流的管理体系。建立一个包括计划、监督、控制和评价的全过程绩效评价系统，对资金使用的全过程进行管理，是在现有条件下提高人才工程资金使用效益最有效的对策。因此，本节将对绩效评价系统进行全面分析，以期建立通过过去的绩效来改进未来绩效的动态管理全过程绩效评价体系。

一、绩效评价体系的建立原则

（一）目标导向原则

人才工程资金绩效评价体系的建立要充分考虑国家及山东省的人才发展战略，特别要以山东省新旧动能转换、产业发展对人才的长短期需求为导向。根据各级政府的人才政策目标构建绩效评价的目标及评价指标体系，强化绩效评价的目标导向作用。通过绩效评价结果来改进政府的人才发展战略及提高人才工程管理水平。

（二）全面性、系统性原则

人才工程资金绩效评价系统的建立要跳出以往只注重事后结果的绩效评价，要建立包括事前、事中和事后的全过程紧密衔接的评价体系。将绩效评价从资金使用后的评价向"上、中游"的资金投入、资金使用等环节延伸，建立以绩效为导向的财政资金管理模式，通过资金投入前的绩效管理从源头上对资金分配等进行规范，通过资金投入中的绩效管理从使用上对资金支出等进行监督，通过资金投入后的绩效管理从结果上对资金使用效益等进行评价，最后根据综合评价的结果对政府人才工程资金的目标、计划、预算及监督机制进行动态调整，从而推动人才工程资金使用效益的全面提升（如图 6-1 所示）。

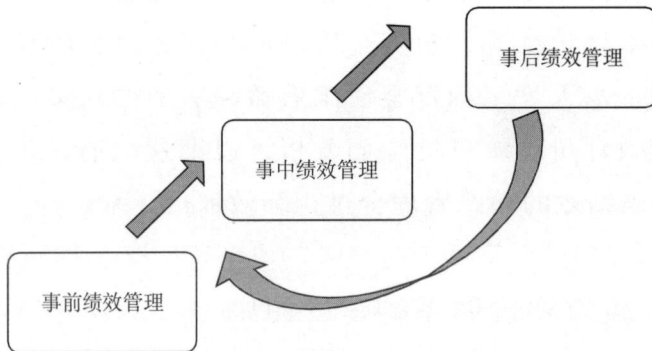

图 6-1　全过程绩效管理循环

绩效评价在全面性的基础上还要注重评价体系的系统性，把其看成一个完整的系统，用系统的观点看待绩效评价。各环节之间既相互独立又具有逻辑上的一致性。各指标不重复、不遗漏、相互补充，共同构成一个指标系统，从多角度完整地反映人才工程资金的使用情况。

（三）分类原则

对人才工程按照一定的标准进行科学的分类，是建立人才工程绩效评价体系的基础。因为不同类别的人才工程要实现的绩效目标和政府的财政功能不同，不同的专业和产业在评价指标的选取和标准设置上也存在差异性。如果没有科学合理的分类，忽略了评价对象的类别、行业、专业等差异性因素而建立的人才工程资金绩效评价体系将丧失客观性、准确性及灵活性。无法真实地评价人才工程资金的使用效益。所以，要根据人才工程资金绩效评价的实际需要，对人才工程进行合理的分类。

第一，根据评价对象的不同，人才工程分为宏观层面的人才工程和微观层面的具体人才项目。如山东省"泰山学者攀登计划"这项人才工程整体就是宏观层面的人才工程，它由每一个获批的人才主持的具体人才项目组成。

第二，根据人才研究领域与产业的关联程度，人才工程分为基础研究创新型人才工程、产业创新型人才工程和产业创业型人才工程。基础研究创新型人才工程的目标是引进、培养从事基础研究、原始创新和共性技术研究的创新型科技人才，如泰山学者系列工程；产业创新型人才工程，突出服务产业发展导向，重点引进、培养从事产业技术创新、科技成果产业化和产业技能攻关的领军人才，如泰山产业领军人才工程中的高效生态农业创新类人才工程；而产业创业型人才工程则重点引进和培养具有创业能力的科技人才，在引才和育才的同时达到产业培育的目的，如泰山产业领军人才工程中的科技创业类人才工程。

第三，根据人才从事的专业分为自然科学领域人才工程和哲学社会科学领域人才工程。自然科学领域可以按照行业分为：农业、传统产业、战略性新兴产业以及蓝色产业等。哲社领域又可以细分为经济、管理、法律、教育、文化等专业。比如，齐鲁文化名家就属于文化领域的人才工程。

第四，根据人才的层次和水平分为：技师类人才工程、专家类人才工程及领军人才工程。

第五，根据人才工程的内容分为：人才引进工程、人才培养工程和人才激励工程。其中，人才激励工程主要通过授予某类荣誉称号来奖励在某些领域对经济社会发展作出突出贡献的人才，此类人才工程的目标不是要培养和引进人才，而是要在社会或行业内通过树立榜样、先进及典型人物起到示范和带动作用。此类人才工程不强调经济效益，较多关注其带来的社会效益。因此，人才激励工程不是绩效评价指标体系考核的对象。

（四）科学性原则

按照科学性原则，人才工程资金绩效评价体系中绩效目标的设置、绩效评价的实施过程、绩效评价方法与指标的选择都要符合实际情况，都要以科学的理论为指导，以客观事实为依据进行合理的判断。

（五）可操作性原则

绩效评价体系是进行人才工程资金管理的有效手段。因此其管理的过程必须简明、实用，具有较强的可操作性和可实现性。如绩效评价指标的设定要简单、明确、具有区分度以便于指标的评价和测定；指标的设定要具有可得性，降低绩效评价时数据采集的难度等。

二、绩效评价体系的内容

一套完整的绩效评价系统应该包括如下内容：绩效考评管理办法；绩效评价的主体；绩效评价的客体与内容；评价程序和方法；评价指标体系；评价结果的运用。

（一）制定绩效考评管理办法

2011 年 4 月，财政部修订了《财政支出绩效评价管理暂行办法》（财预号〔2011〕285 号），山东省在此基础上颁布了《山东省省级财政支出绩效评价管理暂行办法》。随后又出台了《山东省省级预算支出项目第三方绩效评价工作规程（试行）》《山东省省级部门单位预算绩效管理办法》等文件，从规范省级预算支出项目第三方绩效评价行为，强化预算绩效责任等方面为山东省的财政支出绩效考评提供政策支持。

上述文件是制定人才工程资金绩效考评管理办法的重要依据和参考，山东省及各级部门应结合人才工程的具体情况制定具有可操作性的绩效评价工作的相关规章制度，对人才工程绩效评价的原则、内容、方法、指标体系、工作程序及结果应用等做出统一规定，以此对人才资金的使用进行规范性指导。

（二）明确合适的绩效评价主体

绩效评价工作首先要明确合适的绩效评价主体。合理科学的评价主体是保障绩效评价结果客观、公正的重要条件。山东省各级人才工程资金的管理涉及各级财政部门、各级人才工程主管部门以及各预算部门。各预算部门主要指人才依托的单位，可以是国家机关、事业单位、社会团体及独立核算的法人组织。上级政府部门为了保障它们的公共支出管理职能的实现，会将它们的职责分解到下级的各个相关部门。从而在人才工程资金的使用过程中存在多个委托代理关系。这些委托代理关系中的委托方都可以成为绩效评价的主体。

但由于上下级部门之间的密切关联，以及绩效评价中涉及许多专业领域的知识，在绩效评价中往往由评价主体委托第三方评价机构进行实际的绩效评价，以确保绩效评价的科学性、公正性。因此，人才工程资金绩效评价的主体包括各级财政部门、人才工程主管部门、各预算部门和第三方评级机构。

（三）绩效评价的客体及内容

本书不但将具体人才项目资金作为评价对象而且将政府的人才工程整体的资金使用情况作为评价对象纳入绩效考评的范畴。

人才工程资金主要来源于政府财政性资金，而政府财政性资金主要起到引导性资金的作用，是政府实现其特定人才战略以及地方经济发展目标的主要工具。因此，对政府人才工程整体的资金使用效益评价侧重于资金在实现人才政策目标方面的评价；同时，政府是人才工程的组织和管理者之一，还要从对资金投入和管理的效率、透明度等角度对其进行绩效评价。综上所述，对人才工程资金整体绩效评价的内容包括：人才工程资金的既定绩效目标是否实现；资金分配的结构是否合理；与产业发展的方向是否一致；预算编制的科目设置是否合理；财政资金的监督、管理制度是否规范、透明、合理等。

一个人才工程是由多个具体的人才项目构成，每个人才项目资金的使用效益决定了人才工程目标能否实现。因此，对具体人才项目资金使用绩效的评价主要侧重于单一项目本身在资金投入、使用及事后环节的绩效评价。资金投入环节的评价包括对绩效目标和预算编制的评价。绩效目标是人才工程资金支出后取得的预期阶段性成果或最终成果，绩效目标是制定预算编制以及最后进行最终绩效考核的标准，因此，绩效目标的科学性是绩效管理的重中之重。而预算编制通过对资金的使用进行合理的设计，提高资金管理力度，并最终实现提高资金的使用效益。所以，在资金投入环节将上述两个方面作为绩效考核的指标纳入绩效评价体系。

资金使用环节的绩效考核主要侧重于资金实际支出是否与预算编制相一致，即确保资金被正确地使用，以保障绩效目标的实现。同时，为获取资金使用情况的即时数据，将资金使用的透明度纳入考核内容。

资金使用后的绩效考核主要从经济和社会效益方面对资金进行评价。因为人才工程的多样性，以及学科和行业的差异性，所以，建立一套科学合理的人才工程资金绩效评价体系，首先要对人才工程按照一定的准则进行分类，形成一套科学合理的分类绩效评价体系，作为绩效评价工作开展的起点和基础。

（四）绩效评价指标体系的构建

本部分在对人才工程分类的基础上，建立双层绩效评价体系。具体内容是：根据评价对象的不同，将绩效评价体系分为宏观层面的人才工程整体的评价体系和微观层面的具体人才项目的评价体系。尽管两者的评价主体、客体均不同，但都是从不同的角度对人才工程政策，各级资金管理者的管理、监督效益以及资金使用者的使用效益进行评价。对具体人才项目评价体系的指标设置分为共性指标和个性指标，个性指标的设计要区分不同人才项目的类别，要体现不同行业及专业的差异性。对具体人才项目的资金使用绩效的评价数据及结果是进行整体人才工程绩效评价的基础，整体人才工程的评价结果是修订政府人才工程政策目标、预算方式、监督和管理流程等内容的依据，然后根据新修订的政府人才工程目标进行微观人才项目的绩效评价指标的修订。具体逻辑关系如图 6-2 所示。

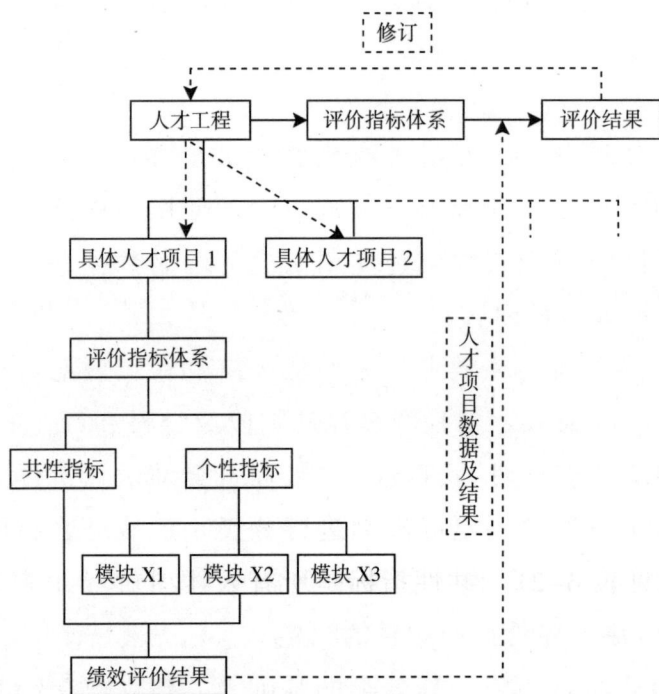

图 6-2　逻辑关系

1. 指标的确定方法

人才工程资金绩效目标是评价系统的指南，对评价指标和评价标准起到指导作用。首先确定不同人才工程的目标，由人才工程的目标制定资金绩效的目标，由资金绩效的目标确定资金使用效益的评价指标和评价标准，避免评价体系同质化。对于人才资金绩效评价指标的确定，本书以《山东省财政支出绩效评价管理暂行办法》中的绩效评价指标体系为基础，并征集行业专家意见、人才工程相关管理部门及预算部门意见构建了山东省人才工程资金绩效评价指标体系和人才项目资金绩效评价指标体系，如图 6-3 所示。

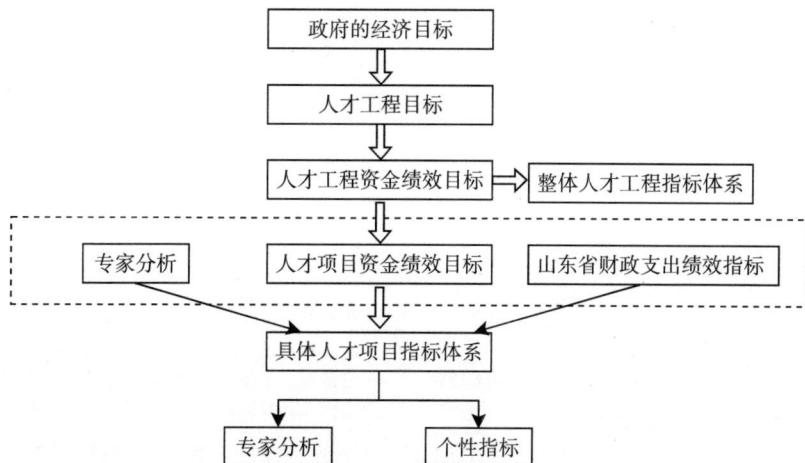

图 6-3　指标体系

2. 指标内容说明

具体人才项目的指标体系分为共性指标（见表 6-1）和个性指标（见表 6-2）。共性指标是所有人才项目资金绩效评价都适用的指标；个性指标是在分类的基础上，根据不同类别人才项目的特点设置的指标。

表 6-1　共性指标体系

一级指标	二级指标	三级指标	指标解释
项目投入前 A1	立项合理性 B1	目标内容 C1	绩效目标是否明确、细化、量化
		立项依据 C2	人才研究领域是否符合地方经济发展规划、是否为所在企业紧缺技术
		立项程序 C3	项目是否符合申报条件；申报、批复程序是否符合相关管理办法；项目调整是否履行相应的手续
	预算合理性 B2	预算开支编制 C4	开支内容是否与项目研究内容相符，是否符合财政预算编制要求
		预算时间编制 C5	资金使用的时间分配是否合理，是否与项目进度相符合

续表

一级指标	二级指标	三级指标	指标解释
项目投入中 A2	资金到位 B3	资金到位率 C6	实际到位/计划到位×100%
		资金到位时效 C7	资金是否及时到位；若未及时到位，是否影响项目进度
	资金量 B4	财政资金投入量 C8	资金额是否满足项目研究的基本需要
		财政资金使用率 C9	计划期末资金实际使用量/资金到位数×100%
		企业自有资金投入量占比 C10	相对于财政资金投入的比重
	资金财务管理 B5	预算执行 C11	资金使用与预算的一致性
		资金使用 C12	是否存在支出依据不合规、虚列项目支出的情况；是否存在截留、挤占、是否存在超标准开支情况
		资金使用透明度 C13	资金使用情况是否公开及各利害关系人获取资金使用数据的难易程度
		财务制度 C14	资金管理、费用支出等制度是否健全，是否严格执行；会计核算是否规范

表 6-2　个性指标体系

一级指标	二级指标	三级指标	指标解释
项目投入后（X1）A3	科技产出 B6	发表论文、专著 C15	人才（团队）发表论文、专著数量及级别
		知识产权 C16	人才（团队）申请知识产权的数量及类型
		项目立项 C17	获得省级及以上科技项目立项数量及层次
		获奖情况 C18	人才作为主要参与人，为所在单位获得市级以上科技创新类、产品创新类、服务创新类奖项
		创新平台（加分项）	立项后人才（团队）参与建立的省级及以上创新平台的数量及层次
		新产品、新技术的认定（加分项）	获得省级以上新产品、新技术认定数
	经济效益 B7	技术服务与咨询 C19	立项后为行业和企业提供技术咨询和服务情况
		成果转化 C20	立项后人才（团队）科研成果许可或转让情况

一级指标	二级指标	三级指标	指标解释
项目投入后（X1）A3	社会效益 B8	社会影响力 C21	培养团队情况（培养硕博人数、团队成果等）、临床类门诊及手术数、文化类演出、宣传等活动情况
	服务对象满意度 B9	人才满意度 C22	对资金使用过程中相关的部门的服务是否满意
		用人单位满意度 C23	对人才使用资金情况是否满意
项目投入后（X2）A3	科技产出 B6	知识产权 C15	人才（团队）申请知识产权的数量及类型
		项目立项 C16	获得省级及以上科技项目立项数量及层次
		获奖情况 C17	人才作为主要参与人，为所在单位获得市级以上科技创新类、产品创新类、服务创新类奖项
		创新平台（加分项）	立项后人才（团队）参与建立的省级及以上创新平台的数量及层次
		新产品、新技术认定（加分项）	获得省级以上新产品、新技术认定数
	经济效益 B7	创新项目年销售额 C18	计划期创新项目年销售额
		创新项目年净利润 C19	计划期创新项目年净利润总额
		创新项目年纳税额 C20	计划期创新项目年纳税总额
	社会效益 B8	新增就业 C21	立项后新增加的就业人数
		资质认定 C22	获得国家认定的高新技术企业情况
	服务对象满意度 B9	人才满意度 C23	对资金使用过程中相关的部门的服务是否满意
		用人单位满意度 C24	对人才使用资金情况是否满意
项目投入后（X3）A3	科技产出 B6	知识产权 C15	人才（团队）申请知识产权的数量及类型
		项目立项 C16	获得省级及以上科技项目立项数量及层次
		获奖情况 C17	人才作为主要参与人，为所在单位获得市级以上科技创新类、产品创新类、服务创新类奖项
		技术创新平台（加分项）	立项后人才（团队）参与建立的省级及以上创新平台的数量及层次
		新产品、新技术认定（加分项）	获得省级以上新产品、新技术认定数
	经济效益 B7	创办企业经营业绩 C18	计划创办企业年销售额、年净利润
		创办企业纳税额 C19	计划期创办企业年纳税额

一级指标	二级指标	三级指标	指标解释
项目投入后（X3）A3	社会效益 B8	新增就业 C20	立项后新增加的就业人数
		资质认定 C21	获得国家认定的高新技术企业情况
	服务对象满意度 B9	人才满意度 C22	对资金使用过程中相关部门的服务是否满意
		用人单位满意度 C23	对人才使用资金情况是否满意
	可持续影响 B10	社会资金投入 C24	企业创立后吸纳社会资金数量
		风投、创投等资金投入 C25	企业创立后吸纳风投、创投等资金数量
		企业挂牌上市情况 C26	创办企业在证券市场上市，在新三板、股交中心挂牌等情况

共性指标有两个一级指标分别为：项目投入前指标、项目投入中指标。项目投入前指标又包括两个二级指标：立项合理性和预算合理性指标。立项合理性下面又设立立项依据、立项程序及绩效目标三个三级指标；预算合理性下设预算开支及预算时间编制两个三级指标。项目投入前指标主要衡量资金投入及资金计划使用的合理性。项目投入中的二级指标包括资金到位、资金量、资金财务管理。资金到位指标包括资金到位率和到位时效指标；资金量指标包括资金投入量、资金使用率和企业自有资金投入量指标。其中企业自有资金投入量用来衡量财政资金对其他各类资金的带动效应；资金财务管理包括预算执行、资金使用、资金使用透明度、财务制度四个三级指标。项目投入中，指标主要从资金使用和资金管理两个维度衡量资金使用的效益。共性指标主要参照山东省财政支出绩效评价办法中的指标体系进行构建。

个性指标的一级指标为项目投入后指标，按照人才研究领域与产业的关联度分为三个模块：X1——基础创新人才项目、

X2——产业创新人才项目、X3——产业创业人才项目。X1模块的二级指标包括科技产出、经济效益、社会效益和服务对象满意度。科技产出指标下面设立发表论文/专著、知识产权、项目立项、获奖情况、创新平台以及新产品、新技术的认定六个三级指标；经济效益下面包括技术服务与咨询、成果转化两个三级指标；社会效益包括社会影响力一个三级指标；服务对象满意度包括人才、用人单位两个三级指标。X2模块的二级指标和X1模块相同，但三级指标设置差异较大。科技产出指标下面是知识产权、项目立项、新产品/新技术认定、技术创新平台及获奖情况四个三级指标；经济效益指标包括创新项目销售额、创新项目净利润、创新项目纳税额三项；社会效益指标包括新增就业和资质认定两个三级指标；服务对象满意度下设指标同X1。X3模块的二级指标为科技产出、经济效益、社会效益、服务对象满意度和可持续影响。科技产出的三级指标同X2；经济效益指标包括创办企业经营业绩、创办企业纳税额两个三级指标；社会效益指标包括新增就业、资质认定两个指标；服务对象满意度指标包括人才自身满意度、用人单位满意度两个指标；可持续影响指标包括社会资金投入、风投创投等资金投入和企业挂牌上市情况三个三级指标。个性指标参照《江苏省人才资金考核办法》构建。

　　人才工程整体的指标体系（见表6-3）包括资金投入、资金使用、资金管理、资金产出四个一级指标，主要是从人才工程整体资金使用效益及主管单位对人才工程资金的管理和监督的角度进行评价。侧重于政府财政资金对人才队伍建设和培养的引导性使命的维度进行评估。资金投入包括分配结构和分配方法两个二级指标。分配结构下设行业结构、年龄结构和层次结构三个三级指标；分配方法下设资金管理办法和资金申请程序两个三级指标。资金使用包括预算执行情况和预算开支设置两个二级指标。预算执行情况下设预算执行开支调整率、预算执行时间调整率两个指标；预算开支设置指标包括开支科目设置情况和灵活调整情况两个三级指标。资金管理指标包括资金拨付、资金监督和管理部门三个二级指标。资金拨付指标包括到位率和实效性两个三级指标；资金监督包括资金使用透明度和发现问题解决方式两个三级指标；管理部门包括人员设置、部门分工指标和部门间沟通机制指标。资金产出指标下设人才产出、经济效益、社会效益及服务对象满意度四个二级指标。人才产出指标包括人才项目结项情况、人才/团队数量两个三级指标；经济效益指标包括经济价值、对地方产业发展的贡献及成果转化率；社会效益包括地区品牌提升、居民生活品质提升和创新、创业氛围提升三个三级指标；服务对象满意度指标包括人才、用人单位和公众满意度三个三级指标。

表6-3　整体人才工程指标体系

一级指标	二级指标	三级指标	指标解释
资金投入 A1	分配结构 B1	行业结构 C1	资金投入各行业的比重
		年龄结构 C2	资金投入不同年龄段的比重
		层次结构 C3	各层次人才项目投入的资金比重
	分配方法 B2	资金管理办法 C4	政策内容是否符合地区经济发展规划、政策的合理性及可操作性
		资金申请程序 C5	立项程序是否合理、规范、透明
资金使用 A2	预算执行情况 B3	预算执行开支调整率 C6	调整预算开支的项目数/全部项目数×100%
		预算执行时间调整率 C7	调整预算执行时间的项目数/全部项目数×100%
	预算开支设置 B4	开支科目设置情况 C8	财政预算开支科目设置类别是否满足实际人才项目支出需求
		灵活调整情况 C9	开支科目可否灵活调整

续表

一级指标	二级指标	三级指标	指标解释
资金管理 A3	资金拨付 B5	到位率 C10	资金到位的项目数/全部的项目数×100%
		时效性 C11	资金准时到位的项目数/全部的项目数×100%
	资金监督 B6	资金使用透明度 C12	资金使用情况是否公开及各当事人获取资金使用数据的难易程度
		发现问题的解决方式 C13	发现资金使用问题是否及时处理及处理方法
	管理部门 B7	人员设置、部门分工 C14	人员数量、人员素质及部门分工是否明确
		部门间的沟通机制 C15	部门之间是否建立沟通的长效机制和沟通效率
资金产出 A4	人才产出 B8	人才项目结项情况 C16	人才项目结项率
		人才/团队数量 C17	人才/团队数量
	经济效益 B9	经济价值 C18	人才工程实施创造的产值、销售额、利润额等
		对地方产业发展的贡献 C19	对产业升级或价值链提升的情况
		成果转化率 C20	人才（团队）科研成果许可或转让情况
	社会效益 B10	地区品牌提升 C21	人才工程对区域知名度的提升
		居民生活品质提升 C22	生活品位、生活质量和生活水准的提升
		创新、创业氛围提升 C23	对本区域创新、创业氛围的影响；吸引人才来本区域创新、创业的影响
	服务对象满意度 B11	人才满意率 C24	对政府和用人单位的支持保障、政策宣传、政策执行、服务响应、服务便捷、服务水平和质量的满意度
		用人单位满意率 C25	对人才/团队的满意度
		公众满意度 C26	对人才工程整体的满意程度

3. 指标的评价标准及确定方法

评价标准是对评价指标进行打分的依据。不同类型的指标其评价标准的确定方法不同。常用的评价标准有四类：历史标准、计划标准、行业标准和经验标准。由于人才工程资金评价处于起步阶段，无历史数据可供参考，因此当前无法用历史标准进行比较，可以在今后人才工程资金评价的过程中不断收集和积累历史数据，作为未来绩效评价标准的参考和依据；计划标准是把人才工程的绩效目标作为评价的标准。不同人才项目的层次不同，对人才实现绩效目标的要求不同，因此，对应的指标评价标准也要存在差异；行业标准要体现人才所属行业的差异性，因为不同行业性质不同，对应的产品、技术、市场规模及行业结构等均存在差异性，因此，需要行业内的专家根据本行业制定相应的指标标准。如个性指标中的产出及经济效益等指标一定要根据行业标准来确定；经验标准是根据人才工程资金支出的规律和管理实践，由经验丰富的从事人才工作的相关专家确定相关指标标准，如公众满意度、管理水平这类定性指标，往往通过问卷调查或组织专家论证，由公众评判的方式建立经验标准。

4. 指标权重的确定方法

目前国内外关于评价指标体系权重的确定方法有十余种，如层次分析法、专家调查法、模糊分析法、主成分分析法、熵值法等。每种方法各有优缺点。由于人才工程资金评价指标较多为定性指标，且包含若干层级，因此本报告采用层次分析法确定指标权重。

第一步，建立层次结构模型，本报告已建立人才工程资金指标体系。

第二步，构造判断矩阵（见表6-4），其方法是将上一级指标作为评价标准，然后将同一层级的指标两两比较，按重要性程度评定等级，其等级的判断值作为矩阵的元素，构成判断矩阵。a_{ij}为要素 i 与要素 j 重要性比较结果，指标重要度结果是通过向多位专家发放调查问卷的方式获取的，具体方法见附录三。

表6-4 判断矩阵

A	A_1	A_2	……	A_i	……	A_n
A_1	a_{11}	a_{12}	……	a_{1j}	……	a_{1n}
A_2	a_{21}	a_{22}	……	a_{2j}	……	a_{2n}
……	……	……	……	……	……	……
A_i	a_{i1}	a_{i2}	……	a_{ij}	……	a_{in}
……	……	……	……	……	……	……
A_n	a_{n1}	a_{n2}	……	a_{nj}	……	a_{nn}

第三步，权重的计算。其计算方法是先求出判断矩阵的特征向量，然后进行归一化处理，特征向量的分量与归一化结果的比值就是权重。

第四步，对模型进行一致性检验以确保结果的客观、准确。

（五）绩效评价的工作流程

人才工程资金的绩效评价一定要按照一定的工作流程有序实施，因为规范的制度化流程是实现绩效评价科学性和客观性的基本条件。具体人才项目绩效评价的基本流程主要包括准备阶段、实施阶段、评定阶段。

第一，准备阶段。财政及人才工程主管部门组织有关人员及专家成立绩效评价工作组。首先，工作组根据绩效评价的对象，制定绩效评价的总体方案和具体的实施方案。包括工作组人员的分工，专家或第三方评价机构的选聘方法，评价时间安排，评价指标、评价标准和评价方法的确定。其次，指导预算部门（人才所在单位）开展绩效评价前期的准备工作，准备工作包括填写绩效评价自评表和准备相关的佐证资料（绩效评价自评表见附录四）。绩效评价自评表和支撑材料是专家进行打分的主要依据，因此必须认真、客观填写。最后，下达绩效评价通知，委托预算部门收集前期资料。

第二，实施阶段。该阶段是绩效评价的重要环节。主要任务是对前期收集的资料进行审核验证，然后运用相应的评价方法对相关材料进行充分论证，给出初步评价。对资料的审查核实包括现场考评和非现场考评，对于一些重大的人才项目可以采用现场考评的方式，专家组通过实地调研、现场座谈等形式了解项目实施、组织、绩效等情况。由于人力和财力等客观条件的约束，大部分的人才工程采用非现场考评方式，专家组根据既定的绩效目标，以及收集的项目自评资料对绩效指标进行评价，作出初步结论。

第三，评定阶段。一是由项目负责人完成自评报告，二是由项目主管单位根据专家的初评意见，进行综合评定，给出评价等级，形成绩效评价报告。

而对人才工程整体的评价由人才工程主管单位牵头成立评价工作组。以各个具体人才项目绩效自评报告及资料作为基本信息，根据设定的评价标准，采用科学的评价方法对指标体系进行评估，对人才工程整体进行最终评价。

（六）绩效结果的运用

绩效评价结果应采取评分与评级相结合的形式，具体分值和等级可根据不同评价内容设定。人才工程资金的绩效评价主体应当及时整理、归纳、分析、反馈绩效评价结果，将绩效评价结果应用到"以评促管""以评促效"的实际工作中，否则绩效评价就流于形式，无法真正发挥绩效管理的作用。因此要建立目标与结果的双向沟通反馈和保障机制，使资金绩效评价体系处于动态完善状态。

具体人才项目的绩效评价结果的应用主要包括以下方面：

一是作为预算单位改进预算管理的依据；二是安排下年度预算的重要依据；三是作为管理部门奖优罚劣的重要依据。

人才工程的绩效评价结果的应用包括：一是调整专项资金政策的重要依据；二是改进资金管理办法的重要依据；三是用于建立人才工程资金绩效评价数据库。

第三节 完善资金管理的策略

一、建立各部门之间的沟通机制

首先，省、市、县各级人才工作领导小组之间，以及各级人才工作领导小组和各部委之间要建立信息沟通及政策协调机制。从宏观层面上，要实现自下而上的人才战略目标的统一，这样才能形成政策合力。

其次，人才工程主管部门、资金拨付部门、用人单位、项目负责人之间要建立良性的信息沟通协调机制。每个部门要有专门的人员负责人才工程资金审批、拨付、使用过程中各项事宜的联络和协调，对于资金使用中的问题给予及时的解答和解决，建立问题解答和反馈问责机制。例如，对于相关部门和人员反映的问题必须在 10 个工作日内解决，事后还要追踪对问题处理结果的满意度。每年都要统计问题解决率、满意度等数据，真正将部门之间的沟通落到实处。

最后，要真正解决资金管理分散问题，最好的办法就是建立人才资金管理平台。尽管山东省有一些人才工程的专业服务平台（如人才山东网是山东省最权威的人才门户），山东省各市也都有自己的人才工作的门户网站。但各平台无法实现资源共享，信息互通。笔者在进行山东省人才工程资金基本状况的调研中发现，山东省没有对资金管理的统一部门，实践中缺失对各分散信息进行统计和整合的工作环节。这种分散管理极大地影响了人才工程资金的使用效益，因此，实践中迫切需要建立人才资金管理平台。将本省所有的人才项目都集中到平台上，既包括省、市、县各级人才工程，也包括所有类别的人才工程。该平台应具备人才工程的申报、审批、管理及数据处理等功能。管理者对平台项目可以实现跨部门、多维度管理。

（1）按项目统一管理，既充分发挥资源共享优势，又可以避免同一人员、同一项目重复申报，造成财政资金的重复投入，防止资金浪费。

（2）按目标分类管理，如引进类人才工程分为短期引进项目和长期引进项目。短期引进类人才项目要设定明确的资金绩效目标，注重人才时效的发挥，而长期引进类人才项目资金可不设定具体的考核目标，注重人才的中长期创新绩效。培养类人才要侧重基础类研究和本省经济重点行业发展重大课题研究。管理部门还要分类管理各梯次、各年龄层次人才，真正实现人才工程的统筹管理。

二、改革资金预算编制管理制度

当前资金预算编制的开支科目没有区分专业、行业、项目的差异性，无法满足实际使用者对资金开支科目种类的要求，加大了资金使用者后续使用资金的难度。因此改革预算编制管理制度，将科研人员从烦琐的报销手续中解放出来，已经成为科研人员的迫切心声。

在 2019 年政府工作报告中，李克强总理表示要开展项目经费使用"包干制"改革试点。这意味着未来国家只管预算总规模，而各科目预算多少的调剂权下放给科研人员。该制度可以加强经费管理使用的统筹，提高经费使用效率和效益，支持人才将更多精力聚焦在专业领域的科学研究上。科研包干制在江苏省已有类似尝试，笔者认为，山东省也可以尝试预算编制科目的改革，试点"包干制"。但包干并不意味着不要监管，要建立人才资金预算开支科目的负面清单制度，除负面清单所列内容外，给予资助人员充分的资金自主支配权。这样可以达到提高资金使用效益，更好地激发科研人员创新活力的目的。

三、加大资金监督管理力度

实施人才工程资金全过程的监督管理对于提高资金的使用效率，体现资金投入的公平、公正是十分必要的。要建立包括资金审批、预算、使用的全过程监管机制。监管对象不但要包括资金使用者，而且要包含资金的管理者。对资金使用者的监管主要是审查资金使用的规范性、合理性，通过财务审核、财务检查、专项审计等多种形式进行监督。对资金管理者的监管主要是审查资金审批、结项时的公平性、科学性。

人才工程资金的监督要采用多元化的监管方式，充分调动全社会各方力量共同监督，打开大门向广大群众媒体征求更加符合实际情况的意见和建议。

首先，政府制定规范严密的监督制度，上下级政府、同级政府之间建立资金管理的权力制衡机制。

其次，借助中介力量，如金融机构、会计师事务所等，来开展监督活动，将绩效评价工作委托第三方专业机构进行，这样可以让监管机制更加透明化、法制化、公平化，发挥广大监督主体的最大正能量。

最后，提高资金使用的透明度。建立包含人才、资金、项目、信息等全要素的综合服务网站。在该网站上可以查找有关人才、项目、资金的基本信息，以及项目进展及资金使用情况的详细信息。利用互联网的资源共享优势实现新闻媒体、大众舆论、群众力量等群体参与监管活动的局面。

人才工程资金的监督要建立事后的奖惩和问责机制。如果发现监督不力的单位，针对审核或监督发现的问题，要限期进行整改，并按照规定进行处罚。情节严重时，可追回已投入资金，加入诚信黑名单，并可削弱下一年度的人才资金投入额度。对于认真贯彻执行监管制度的用人单位，予以表彰或奖励，可以适当增加投入资金。

四、加强对人才工程服务者的管理

目前，山东省服务人才工程的工作人员数量少，专业素质较低。特别是基层的工作人员数量更加有限。并且存在职责不清等问题。人才工程服务工作水平的滞后也在一定程度上影响着资金的使用效益。

首先，政府应该明确各部门的职能分工。合理分工各部门的职能，可以有效提升基层服务的运行效率，为人才的创新性研究创造良好的条件。

其次，政府要加大管理机构的领导班子和干部队伍建设。投入专项资金为领导班子和基层工作人员开展培训和学习机会，加快统筹管理和业务能力的提升。

再次，政府应制定规范工作人员业务水平和服务态度的监测考核体系，充分发挥考核的导向和激励作用，充分调动人力资源工作者对人才工程工作的积极性和进取精神。

最后，政府应该做好人才工程服务的宣传工作，树立行业榜样、先进人物，并号召行业内学习。还要在一些人才工作开展好的单位试点人才资金管理的改革创新，总结推广好的经验和做法。

五、构建"单一窗口"式人才工程服务平台

人才资金的投入、使用和管理，实质就是人才、资本、技术等多种要素的匹配。影响资源配置的主要因素是信息不对称。当前解决该问题的基本方法就是建立各类信息平台，消除信息沟通的障碍。这些信息平台既包括线下的人才服务综合平台也包括各类线上的网络平台。如 P2P 网络平台、综合信息查询平台、人才信息库平台、紧缺人才引进平台等。然而，这些具备不同功能的平台之间却彼此割裂，无法打破障碍，实现信息及资源的共享，从而导致整个人才管理工作的碎片化。笔者认为，山东省迫切需要建立一个"单一窗口"式人才工程管理的综合服务平台。该平台不但具备各类、各级人才工程的申报、审批、管理及数据处理等功能，还要实现对人才工程资金的跨部门、多维度的统计、监督、管理等职能。通过单一窗口的构建，可

以有效促进政府各种功能的整合，实现各级政府以及政府不同部门之间的一体化协同运作，解决人才工程资金多头管理、彼此割裂的现实问题。

"单一窗口"式人才工程服务平台要从构想变为现实，既需要信息技术的支持，也需要制度再造。要进行流程整合、组织合作、资金支持、信息安全、技术基础设施、配套法律法规等多方面的建设。需要与人才工程相关的各个部门深入合作。尽管该平台的建设是一项复杂的系统工程，但只有实现信息互通、资源共享，将分散、碎片化的管理进行整合，才能真正实现人才工作管理水平的提升。

参考文献

［1］Abbott，M.and Doucouliages C. The Efficiency of Aus-tralian Universities：A Data Envelopment Analysis［J］. Economics of Education Review，2003（22）.

［2］Alderfer，C.P. An Empirical Test of a new Theory of Human need［J］. Psychological review，1969（4）.

［3］Berman，Evan and XiaoHu Wang. Performance Measure-ment in U.S. Countries Capacity for Reform［J］. Public Administra-tion Review，2000（5）.

［4］Bhagwati，W.D. The Brain Drain and Income Taxation：A Proposal［J］. Working Papers，1972（5120）.

［5］Colin，C. The Conditions of Economic Progress［M］. London：Macmillan & Co. Ltd.，1940.

［6］Hood，C.A. Public Management for All Seasons？［J］. Public Administration，1991（69）.

［7］Julnes Patria，D.L. and M. Holzer. Promoting the Utiliza-tions of Performance Measures in Public Organizations，An Empirical Study of Factors Affecting Adoption and Implementation［J］. Public Administration Review，2000（6）.

［8］Lewin，K. Field Theory in Social Sciences［M］. London：

Tavistock，1960.

［9］MDD Santos，F. Postelvinay. Migration as a Source of Growth：The Perspective of a Developing Country［J］. Journal of Population Economics，2003（16）.

［10］Mountford，J.Can a Brain Drain be Good for Growth in the Source Economy？［J］. Journal of Development Economics，1977（2）.

［11］Paul M. Romer，Increasing Returns and Long −run Growth［J］. Journal of Political Economy，1986（5）.

［12］Robert，E. and Lucas，Jr. On the Mechanics of Economic Development［J］. Journal of Monetary Economics，1988（22）.

［13］Saaty，T.L. The Analytic Hierarehy Process［M］. New York：McGraw Hill，1980.

［14］Samuel，P.A. Pure Theory of Public Expenditure［J］. The Review of Economics and Statistics，1954（4）.

［15］Saxenian，A and Hsu，J. The Silicon Valley −Hsinchu Connection：Technical Communities and Industrial Upgrading［J］. Social Science Electronic Publishing，2001（10）.

［16］Tarlor，Barbara，E.，Megerson，J.W. and M. William Strategic indicators for higher education：improving performance［J］. Peterson's Guides，1993（5）.

［17］Tiebout，A. Pure Theory of Local Expenditures［J］. Journal of Political Economy，1956（10）.

［18］毕海燕. 基于 GEM 模型的海外高层次归国人才来陕创业绩效研究［D］. 西安工业大学博士学位论文，2016.

［19］郭鲁. 湖南省海外高层次人才引进的效果评价研究

［D］.中南大学博士学位论文，2013.

　［20］郭媛媛.广西农村实用人才开发投入中的政府行为研究［D］.广西民族大学博士学位论文，2012.

　［21］韩玮.南京市"321人才计划"研究［D］.南京大学博士学位论文，2016.

　［22］韩春蕾.低碳经济与居民健康［M］.北京：中国统计出版社，2017.

　［23］胡倩楠.区域人才工程绩效评价研究——以江苏省为例［D］.中国矿业大学博士学位论文，2016.

　［24］胡景男.北京地区高等教育财政指出绩效评价研究［D］.北京化工大学博士学位论文，2011.

　［25］胡悦.高等学校财政资金使用绩效评价研究——以985工程高校为例［D］.武汉科技大学博士学位论文，2015.

　［26］加里·贝克尔.家庭论［M］.王献生等译.北京：商务印书馆，2005.

　［27］加里·贝克尔.人力资本理论：关于教育的理论和实证分析［M］.郭虹等译.北京：中信出版社，2007.

　［28］蒋方华.高校教育资金使用效益评价体系研究［D］.南京理工大学博士学位论文，2011.

　［29］李翔.内蒙古引进和发挥海外人才作用的问题及对策研究［D］.内蒙古大学博士学位论文，2017.

　［30］廖紫云.南京市"宁聚计划"人才政策研究［J］.人力资源，2019（3）.

　［31］厉伟，修伟杰，张长旭.地方财政人才专项资金绩效评估指标构建［D］.//"决策论坛——决策科学化与民主化学术研讨会"论文集（上）［C］，2017.

[32] 罗伯特·卡普兰，戴维·诺顿著.平衡计分卡：化战略为行动［M］.刘俊勇，孙薇译.广东：广东经济出版社，2004.

[33] 马歇尔.经济学原理［M］.北京：商务印书馆，1981.

[34] 潘姝，徐晨.公共财政视角下高等教育经费绩效评价研究［J］.财会通讯（综合），2012（8）.

[35] 沈素华.人才政策资金绩效评估分析与研究——以芜湖市"5111"产业创新团队人才项目为例［J］.时代金融，2018（5）.

[36] 史科成.地质调查项目资金使用管理及对策研究［D］.中国地质大学博士学位论文，2017（11）.

[37] 舒尔茨.论人力资本投资［M］.吴珠华译.北京：北京经济学院出版社，1990.

[38] 威廉·配第.配第经济著作选集（中译本）［M］.上海：商务印书馆，1981.

[39] 王利华.高等学校科研资金使用效益研究——以某高校为例［D］.内蒙古农业大学博士学位论文，2014（6）.

[40] 王术华.林业财政专项资金绩效管理研究［D］.北京林业大学博士学位论文，2014.

[41] 王丽萍，郭岚，张勇.高校新绩效预算管理的组合评价方法研究［J］.会计研究，2008（2）.

[42] 王辉耀，路江涌.中国海归创业发展报告（2012）［M］.北京：社会科学文献出版社，2012.

[43] 王亭.苏州新加坡工业园区紧缺人才引进策略研究［D］.苏州大学博士学位论文，2010.

[44] 王博.关于地方财政人才投入机制的探讨——以上海市市级财政人才投入机制为例［J］.财政监督，2018（10）.

[45] 吴刚.高校科研项目资助绩效评价及其对策研究——以浙江省的实践为研究案例 [D].长春：吉林大学博士学位论文，2012.

[46] 吴丹.财政专项资金绩效评价研究——以 ZJ 市 JK 区财政专项资金绩效评价为例 [D].苏州：江苏大学博士学位论文，2016.

[47] 夏永祥.怎样提升人才工程项目的服务效果 [J].中国人才，2010（3）.

[48] 肖力.HN 高校资金使用效益评价研究 [D].湖南大学博士学位论文，2013.

[49] 徐凤辉，王俊.中国高层次青年人才项目实施现状分析 [J].中国青年研究，2018（7）.

[50] 徐国联.杭州市人才专项资金投入产出分析 [J].中国人力资源制度，2008（2）.

[51] 亚当·斯密.国民财富的性质和原因的研究 [M].上海：商务印书馆，1964.

[52] 袁宝宝.北京市"百人工程"对哲学社会科学人才成长影响的实证研究 [D].北京交通大学博士学位论文，2017.

[53] 杨熙.深圳市南山区产业扶持专项资金政策研究 [D].深圳大学博士学位论文，2017.

[54] 张宏伟.人才工程实施的非理性倾向及其控制 [J].中国人才，2006（2）.

[55] 张宏伟.产业人才工程：实践困惑、理论反思及路径重构——以 A 省某产业人才工程建设为例 [J].现代科学管理，2016（10）.

[56] 张一丁.人才项目管理在人才工作中的应用 [D].吉

林大学博士学位论文，2010.

[57] 张泉泉. 我国地方高校学科建设财政专项支出绩效评价研究 [D]. 中央财经大学博士学位论文，2016.

[58] 张丽霞. 我国地方政府关于高层次人才引进的资金补助政策分析 [J]. 科技管理研究，2014（4）.

[59] 张超豪，闫青. 高校科研经费模糊综合绩效评价研究在 [J]. 会计之友，2013（10）.

[60] 张翔，张志明. 科技型中小企业创新人才培养与引进机制研究——以合肥市高新开发区为例 [J]. 长春理工大学学报（社会科学版），2011（8）.

[61] 张楠. S 市 H 区高层次人才引进问题和对策研究 [D]. 沈阳师范大学博士学位论文，2017.

[62] 郑代良，章小东. 中美两国高层次人才政策的比较研究 [J]. 政策分析，2015（11）.

[63] 周鹏程. 海外高层次人才引进财政政策研究——以南京市为例 [D]. 中共江苏省委党校博士学位论文，2013.

[64] 周奇杰. 基于 BSC 的高校专项经费绩效评价研究 [D]. 南京师范大学博士学位论文，2013.

[65] 周敏. 高校资金使用效益绩效评价研究 [D]. 重庆：西南大学博士学位论文，2011.

[66] 钟晴伟. 经济社会双转型背景下东莞关于人才引进的资金补助政策分析 [J]. 科技资讯，2017（10）.

[67] 朱颐和，冯亚利. 专项资金效益审计评价指标体系的构建 [J]. 财会通讯（综合版），2007（5）.

[68] 朱文雨. 基于平衡计分卡的高校科研成果评价研究 [D]. 南京林业大学博士学位论文，2013.

附　录

附录一　人才工程资金调查问卷
——人才/团队问卷

尊敬的女士/先生：

您好！感谢您在百忙中抽出时间来完成本次问卷。本调查用于"山东省人才工程资金使用绩效"的研究。作为山东省人才项目的参与者，请您根据真实的感受客观评价您所在项目的人才工程资金使用情况，您的关注与参与对发现山东省人才工作的不足并进行改进有重要价值。本调查采用匿名方式，仅用于科学研究，请放心填写。再次感谢您的配合，祝您工作顺利！

请您在所选答案前面的方框中画"√"：

第一部分：个人基本信息

1. 您的性别：□ 男　　　　□ 女

2. 您的年龄：□ 35 岁以下　　□ 36~45 岁　　□ 46~55 岁

　　　　　　　□ 56~65 岁　　□ 65 岁以上

3. 您的学历：□ 本科及以下　□ 硕士研究生（博士研究生）

4. 您的职称：□ 中级及以下职称

　　　　　　　□ 副高级职称 □ 高级职称

5. 所在人才项目名称：_____

6. 您从事的专业：

□ 哲学　　□ 经济学　　□ 法学　　　□ 教育学

□ 文学　　□ 历史学　　□ 理学　　　□ 工学

□ 农学　　□ 医学　　　□ 管理学　　□ 艺术学

7. 您所属的行业：

□ 农、林、牧、渔业　　□ 采矿业　　□ 制造业

□ 电力、热力、燃气及水生产和供应业　□ 建筑业

□ 交通运输、仓储和邮政业　　　　　　□ 金融业

□ 教育　　□ 信息传输、软件和信息技术服务业

□ 科学研究和技术服务业　　　　　□ 其他

8. 您的研究领域属于下列哪个产业：

□ 高端装备制造　　□ 高端化工　　□ 信息产业

□ 能源原材料　　　□ 海洋经济　　□ 现代农业

□ 文化产业　　　　□ 医养健康　　□ 旅游产业

□ 现代金融

第二部分：人才项目资金使用情况

1. 人才项目资金来源及数量。

（按年度填写，可自行加行，资金单位：万元）

资金来源年份	政府财政资金	企业自有资金	市场渠道资金	社会渠道资金
第一年				
第二年				
第三年				
第四年				
第五年				

2. 政府资金资助数量对人才项目研究所需资金是否充足？

□ 非常充足　　　□ 比较充足　　　□ 一般

□ 不足　　　　　□ 太少

如果不足请说明理由：（所需资金数量的估算依据是什么？）

_____

_____

_____

_____

3. 您认为当前的预算科目设置是否满足实际资金支出需要的科目设置？

□ 完全满足　　　□ 基本满足　　　□ 不满足

如不满足，您认为应该增设哪些科目？_____

_____

4. 您认为当前人才工程的财政资金报销制度和流程是否合理？

□ 非常合理，制度明确，报销流程简单，资金支取方便

□ 一般

□ 不合理，制度严苛、死板，报销流程复杂，影响了正常
　　的资金使用

5. 您认为山东省人才工程资金使用过程中存在哪些具体问题？

□ 很多项目的实际开支无法提供规定的报销凭证

□ 资金存在挪用现象

□ 以劳务费、咨询费等名义虚列支出

□ 用合法税务发票套取资金

其他问题＿＿＿＿＿＿＿＿＿＿＿＿＿＿＿＿＿＿＿＿＿＿＿

＿＿＿＿＿＿＿＿＿＿＿＿＿＿＿＿＿＿＿＿＿＿＿＿＿＿＿＿＿

6. 您对所在单位人才工程资金管理及服务工作的满意度。

□ 非常满意　　　　□ 比较满意　　□ 一般　　□ 不太满意

□ 非常不满意

7. 您对提高人才工程资金管理水平的建议。

＿＿＿＿＿＿＿＿＿＿＿＿＿＿＿＿＿＿＿＿＿＿＿＿＿＿＿＿＿

＿＿＿＿＿＿＿＿＿＿＿＿＿＿＿＿＿＿＿＿＿＿＿＿＿＿＿＿＿

＿＿＿＿＿＿＿＿＿＿＿＿＿＿＿＿＿＿＿＿＿＿＿＿＿＿＿＿＿

附录二　人才工程资金调查问卷
——企业问卷

尊敬的女士/先生：

您好！感谢您在百忙中抽出时间来完成本次问卷。本调查用于"山东省人才工程资金使用绩效"的研究。作为山东省人才项目的参与者，请您对本企业人才项目资金管理及使用情况进行客观评价，您的关注与参与对发现山东省人才工作的不足并进行改进有重要价值。本调查采用匿名方式，仅用于科学研究，请放心填写。再次感谢您的配合，祝您工作顺利！

请您在所选答案前面的方框中画"√"：

第一部分：企业基本信息

企业名称：_____

人才项目数量及名称：_____

_____

_____

_____

企业所属行业：

□ 农、林、牧、渔业　　□ 采矿业　　□ 制造业

□ 电力、热力、燃气及水生产和供应业　□ 建筑业

□ 交通运输、仓储和邮政业　　　□ 金融业

□ 教育　□ 信息传输、软件和信息技术服务业

□ 科学研究和技术服务业　　　　□ 其他

企业性质：

□ 国有企业　　　　□ 集体所有制企业

□ 联营企业　　　　□ 三资企业

□ 私营企业及其他企业

所在城市：_____

第二部分：人才项目资金使用情况

1. 人才工程中人才的专业和研究领域与企业科技攻关领域的匹配度：

□ 非常匹配　　　　□ 基本匹配

□ 两者有一定的相关性　　□ 两者相关性较弱

□ 完全不匹配

2. 人才科技成果与地方经济发展及产业优势的匹配度：

□ 非常匹配　　　□ 基本匹配　　□ 两者有一定的相关性

□ 两者相关性较弱　　　　　　□ 完全不匹配

3. 人才工程立项后到首批资金拨付的时间间隔：

□ 0个月<间隔期≤1个月　　　□ 1个月<间隔期≤3个月

□ 3个月<间隔期≤6个月　　　□ 6个月<间隔期≤1年

4. 人才工程各年度资金拨付是否滞后？

□ 完全准时　　　□ 偶尔滞后　　□ 每年都滞后

5. 本单位人才资金预算编制存在哪些常见问题？

□ 预算开支编制比例不合理

□ 预算资金额年度计划与项目实际进度所需资金数额不符

□ 预算编制与项目实际开支情况不符

其他未列出问题：＿＿＿＿＿＿＿＿＿＿＿＿＿＿＿＿＿＿＿

＿＿＿＿＿＿＿＿＿＿＿＿＿＿＿＿＿＿＿＿＿＿＿＿＿＿＿

＿＿＿＿＿＿＿＿＿＿＿＿＿＿＿＿＿＿＿＿＿＿＿＿＿＿＿

6. 本单位人才在资金使用中的常见问题：

□ 实际支出与预算不符合

□ 开虚假发票

□ 资金挪作他用

其他未列出问题：＿＿＿＿＿＿＿＿＿＿＿＿＿＿＿＿＿＿＿

＿＿＿＿＿＿＿＿＿＿＿＿＿＿＿＿＿＿＿＿＿＿＿＿＿＿＿

＿＿＿＿＿＿＿＿＿＿＿＿＿＿＿＿＿＿＿＿＿＿＿＿＿＿＿

7. 资金是否按年度计划完全使用，没有结余？

□ 是　　　　　□ 否

8. 本单位人才工程资金使用情况透明吗？

□ 完全透明，相关各方可查看　　　□ 一般

□ 完全不透明

9. 本单位人才工程资金使用如何监督？

□ 由财务部门按照财务制度审计

□ 由上届审计部门定期审计

□ 各利害关系方监督

其他未列出的方式：_____

_____

_____。

10. 发现资金使用问题的处理方式及速度：

□ 非常重视，及时联系人才项目负责人，追回资金并追究责任

□ 比较重视，较及时处理，追回资金，但不追查责任

□ 不重视，发现问题放任不管

11. 本单位负责人才工程管理的人员数量（包括兼职人员数）：_____人。

人员配备是否充足，分工是否明确？

□ 人员配备充足，且分工明确　　　□ 一般

□ 人员配备不足，职责混乱

12. 本单位是否建立与上级人才部门，下级人才/团队的沟通机制？

□ 已建立成熟完善的沟通机制

□ 沟通机制正在建设中

□ 没有沟通机制且近期也没有建立沟通机制的计划

13. 对本单位人才资金使用情况的满意度：

□ 非常满意　　　　□ 比较满意　　　　□ 一般

□ 不太满意　　　　□ 非常不满意

14. 对山东省人才工程管理部门资金管理政策及管理水平的满意度：

□ 非常满意　　　　□ 比较满意　　　　□ 一般

□ 不太满意　　　　□ 非常不满意

15. 您对提高人才工程资金管理水平的建议。

_____

_____

_____

附录三　山东省人才工程绩效评价体系
指标权重判断表

1. 赋值量化表

因素 i 比因素 j	量化值
同等重要	1
稍微重要	3
较强重要	5
强烈重要	7
极端重要	9
两相邻判断的中间值	2, 4, 6, 8

2. 举例

A	B1	B2	B3
B1	1	3	3
B2	—	1	1/5
B3	—	—	1

A 包括 B1、B2、B3，其中 1 表示 B1 相对于 B1 的重要；5 表示 B1 相对于 B2 稍微重要。

3. 对下列指标进行重要性比较（横线不填写）

人才项目 （P） 共性指标的重要性比较

表 P–1

人才项目 P	项目投入前 A1	项目投入中 A2	项目投入后 A3
项目投入前 A1	1		
项目投入中 A2	—	1	
项目投入后 A3	—	—	1

表 P–2

项目投入前 A1	立项合理性 B1	预算合理性 B2
立项合理性 B1	1	
预算合理性 B2	—	1

表 P–3

项目投入前 A2	资金到位 B3	资金量 B4	资金财务管理 B5
资金到位 B3	1		
资金量 B4	—	1	
资金财务管理 B5	—	—	1

表 P-4

立项合理性 B1	目标内容 C1	立项依据 C2	立项程度 C3
目标内容 C1	1		
立项依据 C2	—	1	
立项程度 C3	—	—	1

表 P-5

预算合理性 B2	预算开支编制 C4	预算时间编制 C5
预算开支编制 C4	1	
预算时间编制 C5	—	1

表 P-6

资金到位 B3	资金到位率 C6	资金到位时效 C7
资金到位率 C6	1	
资金到位时效 C7	—	1

表 P-7

资金量 B4	财政资金投入量 C8	财政资金使用率 C9	企业自有资金投入量占比 C10
财政资金投入量 C8	1		
财政资金使用率 C9	—	1	
企业自有资金投入量占比 C10	—	—	1

表 P-8

资金财务管理 B5	预算执行 C11	资金使用 C12	资金使用透明度 C13	财务制度 C14
预算执行 C11	1			
资金使用 C12	—	1		
资金使用透明度 C13	—	—	1	
财务制度 C14	—	—	—	1

人才项目（P）个性指标的重要性比较

模块 X1

表 X1-1

项目投入后 A3	科技产出 B6	经济效益 B7	社会效益 B8	服务对象满意度 B9
科技产出 B6	1			
经济效益 B7	—	1		
社会效益 B8	—	—	1	
服务对象满意度 B9	—	—	—	1

表 X1-2

科技产出 B6	发表论文/专著 C15	知识产权 C16	项目立项 C17	获奖情况 C18
发表论文/专著 C15	1			
知识产权 C16	—	1		
项目立项 C17	—	—	1	
获奖情况 C18	—	—	—	1

表 X1-3

经济效益 B7	技术服务与咨询 C19	成果转换 C20
技术服务与咨询 C19	1	
成果转换 C20	—	1

表 X1-4

社会效益 B8	社会影响力 C21
社会影响力 C21	1

表 X1–5

服务对象满意度 B9	人才满意度 C22	用人单位满意度 C23
人才满意度 C22	1	
用人单位满意度 C23	—	1

模块 X2

表 X2–1

项目投入后 A3	科技产出 B6	经济效益 B7	社会效益 B8	服务对象满意度 B9
科技产出 B6	1			
经济效益 B7	—	1		
社会效益 B8	—	—	1	
服务对象满意度 B9	—	—	—	1

表 X2–2

科技产出 B6	知识产权产出 C15	项目立项 C16	获奖情况 C17
知识产权产出 C15	1		
项目立项 C16	—	1	
获奖情况 C17	—	—	1

表 X2–3

经济效益 B7	创新项目销售额 C18	创新项目利润额 C19	创新项目纳税额 C20
创新项目销售额 C18	1		
创新项目利润额 C19		1	
创新项目纳税额 C20	—	—	1

表 X2–4

社会效益 B8	新增就业 C21	资质认定 C22
新增就业 C21	1	
资质认定 C22	—	1

服务对象满意度 B9	人才满意度 C23	用人单位满意度 C24
人才满意度 C23	1	
用人单位满意度 C24	—	1

模块 X3

表 X3–1

项目投入后 A3	科技产出 B6	经济效益 B7	社会效益 B8	服务对象 满意度 B9	可持续影响 B10
科技产出 B6	1				
经济效益 B7	—	1			
社会效益 B8	—	—	1		
服务对象 满意度 B9	—	—	—	1	
可持续影响 B10	—	—	—	—	1

表 X3–2

科技产出 B6	知识产权产出 C15	项目立项 C16	获奖情况 C17
知识产权产出 C15	1		
项目立项 C16	—	1	
获奖情况 C17	—	—	1

表 X3–3

经济效益 B7	创办企业经营业绩 C18	创办企业纳税额 C19
创办企业经营业绩 C18	1	
创办企业纳税额 C19	—	1

表 X3–4

社会效益 B8	新增就业 C20	资质认证 C21
新增就业 C20	1	
资质认证 C21	—	1

表 X3–5

服务对象满意度 B8	人才满意度 C22	用人单位满意度 C23
人才满意度 C22	1	
用人单位满意度 C23	—	1

表 X3–6

可持续影响 B9	社会资金投入 C24	风投、创投资金投入 C25	企业挂牌上市情况 C26
社会资金投入 C24	1		
风投、创投资金投入 C25	—	1	
企业挂牌上市情况 C26	—	—	1

人才工程 (T) 的重要性比较

表 T–1

人才工程 T	资金投入 A1	资金使用 A2	资金管理 A3	资金退出 A4
资金投入 A1	1			
资金使用 A2	—	1		
资金管理 A3	—	—	1	
资金退出 A4	—	—	—	1

表 T–2

资金投入 A1	分配结构 B1	分配方法 B2
分配结构 B1	1	
分配方法 B2	—	1

表 T–3

资金使用 A2	预算执行情况 B3	预算开支设置 B4
预算执行情况 B3	1	
预算开支设置 B4	—	1

表 T-4

资金管理 A3	资金拨付 B5	资金监督 B6	管理部门 B7
资金拨付 B5	1		
资金监督 B6	—	1	
管理部门 B7	—	—	1

表 T-5

资金产出 A4	人才产出 B8	经济效益 B9	社会效益 B10	服务对象满意度 B11
人才产出 B8	1			
经济效益 B9	—	1		
社会效益 B10	—	—	1	
服务对象满意度 B11	—	—	—	1

表 T-6

分配结构 B1	行业结构 C1	年龄结构 C2	层次结构 C3
行业结构 C1	1		
年龄结构 C2	—	1	
层次结构 C3	—	—	1

表 T-7

分配方法 B2	资金管理办法 C4	资金申请程序 C5
资金管理办法 C4	1	
资金申请程序 C5	—	1

表 T-8

预算执行情况 B3	预算执行开支调整率 C6	预算执行时间调整率 C7
预算执行开支调整率 C6	1	
预算执行时间调整率 C7	—	1

表 T-9

预算开支设置 B4	开支科目设置情况 C8	灵活调整情况 C9
开支科目设置情况 C8	1	
灵活调整情况 C9	—	1

表 T-10

资金拨付 B5	到位率 C10	时效性 C11
到位率 C10	1	
时效性 C11	—	1

表 T-11

资金监督 B6	资金使用透明度 C12	发现问题解决方式 C13
资金使用透明度 C12	1	
发现问题解决方式 C13	—	1

表 T-12

管理部门 B7	人员设置、部门分工 C14	部门间的沟通机制 C15
人员设置、部门分工 C14	1	
部门间的沟通机制 C15	—	1

表 T-13

人才产出 B8	人才项目结项情况 C16	人才/团队数量 C17
人才项目结项情况 C16		
人才/团队数量 C17		

表 T-14

经济效益 B9	经济价值 C18	对地方产业发展的贡献 C19	成果转化率 C20
经济价值 C18	1		
对地方产业发展的贡献 C19	—	1	
成果转化率 C20	—	—	1

表 T-15

社会效益 B10	地区品牌提升 C21	居民生活品质提升 C22	创新创业氛围提升 C23
地区品牌提升 C21	1		
居民生活品质提升 C22	—	1	
创新创业氛围提升 C23	—		1

表 T-16

服务对象满意度 B11	人才满意度 C24	用人单位满意度 C25	公众满意度 C26
人才满意度 C24	1		
用人单位满意度 C25	—	1	
公众满意度 C26	—	—	1

附录四　人才项目绩效评价自评表

（由人才及所在单位共同填写，并提供证明材料）

一、基本情况

人才项目		性别		出生年月	
民族		身份证号码		手机号	
企业名称		组织机构代码		所属行业	
人才项目名称					

二、项目投入前

	指标名称	自查结果	自评分	核查分	支撑材料
立项合理性	目标内容	□ 是　　□ 否			立项书
	立项依据	□ 是　　□ 否			
	立项程序	□ 是　　□ 否			立项程序文件
预算合理性	预算开支编制	□ 是　　□ 否			预算编制表
	预算时间编制	□ 是　　□ 否			

三、项目投入中

	指标名称	自查结果	自评分	核查分	支撑材料
资金到位	资金到位率	□ 100% □ 80%~100% □ 50%~80% □ 50%以下			资金到账记录
	资金到位时效	□ 是　　□ 否			
资金量	财政资金投入量	□ 是　　□ 否			人才资金专项账户会计记录
	财政资金使用率	□ 100% □ 80%~100% □ 50%~80% □ 50%以下			
	企业自有资金投入量占比	□ 100% □ 80%~100% □ 50%~80% □ 50%以下			

指标名称		自查结果	自评分	核查分	支撑材料
资金财务管理	预算执行	是否专款专用 □ 是　　□ 否			资金决算 记录表
		是否与预算支出一致 □ 完全一致 □ 基本一致 □ 不一致			
		是否与预算进度相符 □ 完全相符 □ 一半以上相符 □ 一半以下相符			
	资金使用	是否存在支出不合规情况 □ 是　　□ 否			财务发票 审计等
		是否存在虚列项目支出情况 □ 是　　□ 否			
		是否存在差标准开支情况 □ 是　　□ 否			
	项目使用透明度	获取资金使用情况的难易度 □ 难 □ 一般 □ 容易			无
	财务制度	是否有项目资金专门的管理制度 □ 架构完整，健全 □ 有一定的架构和初步制度 □ 无			相关制度文件

四、项目投入后 X1

指标名称		自查结果				自评分	核查分	支撑材料
科技产出	发表论文、专著	(数量)	年份 论文名称 影响因子					原件及复印件
	知识产权	授权	专利	发明	(数量)			
				实用新型	(数量)			
				外观设计	(数量)			
			其他知识产权	(数量、名称)				
		申请	专利	发明	(数量)			
				实用新型	(数量)			
				外观设计	(数量)			
			其他知识产权	(数量、名称)				
	项目立项	(数量)	(年份、名称)					
	获奖情况	(数量)	(年份、级别、名称)					
	创新平台	(数量)	(年份、级别、名称)					
	新产品、新技术认定	(数量)	(年份、名称)					
经济效益	技术服务与咨询	(数量)	(时间、名称)					文件、视频记录
	成果转化	(数量)	(时间、名称)					合同及复印件
社会效益	社会影响力	人才培养/临床门诊数/文化演出/宣传活动						文件、视频记录
服务对象满意度	人才满意度	□ 非常满意　　□ 比较满意　　□ 一般 □ 不太满意　　□ 非常不满意						人才调查问卷
	用人单位满意度	□ 非常满意　　□ 比较满意　　□ 一般 □ 不太满意　　□ 非常不满意						用人单位调查问卷

五、项目投入后 X2

指标名称	自查结果				自评分	核查分	支撑材料
科技产出	知识产权	授权	专利	发明	（数量）			原件及复印件
				实用新型	（数量）			
				外观设计	（数量）			
			其他知识产权	（数量、名称）				
		申请	专利	发明	（数量）			
				实用新型	（数量）			
				外观设计	（数量）			
			其他知识产权	（数量、名称）				
	项目立项	（数量）	（年份、名称）					
	获奖情况	（数量）	（年份、级别、名称）					
	创新平台	（数量）	（年份、级别、名称）					
	新产品、新技术认定	（数量）	（年份、名称）					

	指标名称	金额（万元）	比计划增减（+，－）	自评分	核查分	支撑材料
经济效益	计划期创新项目年销售额	第一年					企业财务会计记录、纳税记录
		第二年					
		第三年					
		第四年					
		第五年					
	计划期创新项目年利润额	第一年					
		第二年					
		第三年					
		第四年					
		第五年					

续表

	指标名称	自查结果			自评分	核查分	支撑材料
经济效益	计划期创新项目年纳税额	第一年					企业财务会计记录、纳税记录
		第二年					
		第三年					
		第四年					
		第五年					
社会效益	新增就业	（人数）					企业人事记录
	资质认定	（年份、类型、地点）					资质认定书
服务对象满意度	人才满意度	□ 非常满意　　□ 比较满意　　□ 一般 □ 不太满意　　□ 非常不满意					人才调查问卷
	用人单位满意度	□ 非常满意　　□ 比较满意　　□ 一般 □ 不太满意　　□ 非常不满意					用人单位调查问卷

六、项目投入后 X3

	指标名称	自查结果			自评分	核查分	支撑材料
科技	产出知识产权	授权	专利	发明	（数量）		原件及复印件
				实用新型	（数量）		
				外观设计	（数量）		
			其他知识产权	（数量、名称）			
		申请	专利	发明	（数量）		
				实用新型	（数量）		
				外观设计	（数量）		
			其他知识产权	（数量、名称）			
	项目立项	（数量）	（年份、名称）				
	获奖情况	（数量）	（年份、级别、名称）				
	创新平台	（数量）	（年份、级别、名称）				
	新产品、新技术认定	（数量）	（年份、名称）				

指标名称	自查结果			自评分	核查分	支撑材料
指标名称		金额（万元）	比计划增减 (+, -)	自评分	核查分	支撑材料
经济效益	创办企业经营业绩	第一年	(年销售额年净利润)				企业财务会计记录、纳税记录
		第二年					
		第三年					
		第四年					
		第五年					
	计划期创新项目年纳税额	第一年					
		第二年					
		第三年					
		第四年					
		第五年					
社会效益	新增就业	(人数)				企业人事记录
	资质认定	(年份、类型、地点)				资质认定书
服务对象满意度	人才满意度	□非常满意　　□比较满意　　□一般 □不太满意　　□非常不满意				人才调查问卷
	用人单位满意度	□非常满意　　□比较满意　　□一般 □不太满意　　□非常不满意				用人单位调查问卷
	社会资金投入	名称	金额	股权占比			股权认购书
	风投、创投资金投入	机构名称	金额	股权占比			股权认购书
	创办企业挂牌上市	年份	类型	股权地点			上市代码

七、评价结果

自评总分		自评人签名	

所在单位意见：

签章

核查意见：

核查总分		核查人签名	

附录五　整体人才工程绩效评价自评表

（由人才工程主管单位填写）

一、基本情况

人才工程名称		实施期间	
主管部门			

二、资金投入

	指标名称	自查结果	自评分	核查分	支撑材料
分配结构	行业结构	□ 与产业发展方向一致 □ 与产业发展大体一致 □ 与产业发展不一致			各人才项目上报资料计算整理
	年龄结构	50 岁以上占比_____ 30~50 岁占比_____ 30 岁以下占比_____			
	层次结构	领军人才占比_____ 专家人才占比_____ 技能人才占比_____			
分配方法	资金管理办法	符合地区经济发展规划： □ 符合　　□ 不符合			政策文件
		政策明确、具体、可操作 □ 好　　□ 中　　□ 差			
	资金申请程序	立项程序是否合理　　□ 是　　□ 否			
		立项程序是否透明　　□ 是　　□ 否			

三、资金使用

	指标名称	自查结果	自评分	核查分	支出材料
预算执行情况	预算执行开支调整率	□ 调整率≤10% □ 10%<调整率≤30% □ 30%<调整率≤50% □ 调整率>50%			各人才项目上报资料计算整理
	预算执行时间调整率	□ 调整率≤10% □ 10%<调整率≤30% □ 30%<调整率≤50% □ 调整率>50%			
预算开支设置	开支科目设置	□ 符合人才项目实际支出 □ 基本符合人才项目实际支出 □ 不符合人才项目实际支出			各人才项目调查问卷
	灵活调整情况	□ 可灵活调整 □ 部分内容可灵活调整 □ 不可调整			政策规定

四、资金管理

	指标名称	自查结果	自评分	核查分	支撑材料
资金拨付	到位率	□ 到位率>80% □ 50%<到位率≤80% □ 到位率≤50%			各人才项目上报资料计算整理
	时效性	□ 时效率>80% □ 50%<时效率≤80% □ 时效率≤50%			
资金监督	资金使用透明度	□ 透明　　□ 一般　　□ 不透明			调查问卷
	发现问题的解决方式	□ 方式合理，解决速度快 □ 方式基本合理，解决较快 □ 不解决			
管理部门	人员设置、部门分工	□ 人员配备充足，部门分工明确 □ 人员数量基本合格，部门分工较明确 □ 人员配备不足，由其他部门人员兼职			调查问卷
	部门间沟通机制	□ 建立成熟机制 □ 正在建立 □ 无沟通机制			

五、资金产出

	指标名称	自评结果	自评分	核查分	支撑材料
经济效益	经济价值	□ 大 □ 较大 □ 一般 □ 小			调查问卷
	对地方产业发展贡献	□ 大 □ 较大 □ 一般 □ 小			

	指标名称	自评结果	自评分	核查分	支撑材料
经济效益	成果转化率	☐ 转化率≤10% ☐ 10%<转化率≤30% ☐ 30%<转化率≤50% ☐ 转化率>50%			各人才项目上报资料计算整理
社会效益	地方品牌提升	☐ 显著提升了地区知名度 ☐ 一定程度上提升了地区知名度 ☐ 没有提升地区知名度			调查问卷
	居民生活品质提升	☐ 显著提升了居民生活品质 ☐ 一定程度上提升了居民生活品质 ☐ 没有提升居民生活品质			
	创新创业氛围	☐ 有较好氛围 ☐ 一般 ☐ 没有氛围			
服务对象满意度	人才满意度	☐ 满意率>80% ☐ 50%<满意率≤80% ☐ 满意率≤50%			各人才项目上报资料计算整理
	用人单位满意度	☐ 满意率>80% ☐ 50%<满意率≤80% ☐ 满意率≤50%			
	公众满意度				调查问卷

六、测评结果

自评总分		自评人签名	

所在单位意见：

签章

核查意见：

核查总分		核查人签名	